文芸社セレクション

碑文にみる歴史の謎解き物語

平野 真知子

JN045068

文芸社

目次

はじめに

九州地方には、中世の板碑などの石塔がかなり遺されている。それらの多くは、初めから現在の場所にあったものばかりでなく、主に明治の頃にまとめて寺などに移転されて、今に至っているものといわれている。

本書に登場する次の福岡県の四つの主な石塔は、その存在自体はすでに知られているものである。江戸時代の古書に紹介されているものもある。

嘉吉年号が刻まれた石塔
「藤」の文字がある寛正2年銘板碑
天文6年の逆修碑
筑紫地方最古の五重の石塔

実物はすでに廃墟の石のごときものである。しかし、それが語りかける歴史とは何であろうか？　石塔に刻まれた「嘉吉」年号が、この謎解きのはじまりである。

第一章 「嘉吉」年号が刻まれた石塔

福岡県柳川市の長命寺（五大山宝光院）に、中世に遡る幾つかの石造物が遺されている。その中の一つが「嘉吉二年宝篋印塔残欠」である。

六百年近くの時を超えて遺された石塔である。上の石が破損し基礎のみの土台しかない残欠に、男性ばかり十余名の名が刻されていることが確認されている。辛うじて見えるこれらの文字は、どのような歴史の背景を示しているのだろうか。

いくつかの資料によると、この寺は古くは三池郡舞鶴城内にあったと伝えるが、享保17年（1732）、同寺中興の祖といわれる覚城普光和尚により椿原小路に再建され、元文2年（1737）に柳川藩五代目立花貞俶の実兄、道印の信仰を得て現在地の柳川市出来町にある天台律宗の寺である。ゆえに、歴史は近世になってからであるが、明治維新後の神仏分離の際に付近の日吉神社の別当寺、「柳川山最勝院」関係の物品が、長命寺に移されたことによるという。明治16年火災に罹り、記録文書類は悉く焼失している……。

この嘉吉年号が刻まれた石塔は、基礎のみの宝篋印塔で、全体に破損しており、表面には焼面もあっておそらくは火災にあったものか、といわれている。

その残欠の四面の各面には、次のような「印刻銘文」が読み取れる。

右志趣者為
〔地〕蔵講人衆
等各人逆修
善根也
嘉吉二年　□壬　二月

宗泉
宗金
□□阿闍梨
正秀
宗吉

道円
宗巌
□本

道仲
彦四郎
善□

安山岩石のこの石塔に男性ばかり十余人の構成になる「地蔵講人衆」の各々の逆修供養のために造立された宝篋印塔であることが知られている。地蔵講と称する講組織が明らかなものは、福岡県下では他に類例がないようなので……。（木下浩良〔西日本文化311〕「五大山長命寺の中世石造遺物」より）

地蔵講とは、ここでは神仏の信仰者が集まって結ぶ団体の意味だろう。公家衆の地蔵講のことが記されている古文書もある。（『教言卿記』第4）

では、この「地蔵講人衆」はどういう人々であったのか。基礎のみ焼け残ったこのような石塔の由来がすぐにわかる史料など、仮にどこかにあったとしても、灰燼に帰し不明、などと記される類のものかもしれない。

「嘉吉」という、いかにもめでたい文字の組み合わせとは真逆の不吉な乱が起きたことで有名なこの年号（1441～1444）に、インパクトがある。実際、正史にしか記されることのないような年号を粗く刻んだこの片田舎の石塔は、すでに原形を留めず崩れかかっていても、その道の専門家に取り上げられて、記録に遺される幸運に与った石塔の一つなのである。地元の地方史などでよくお目にかかるおなじみの年号ではないようであり、その後の周辺の歴史にも関係なさそうにみえる。

一　永享の頃

永享7年の神像

ところが筆者は数年前、柳川市三橋町藤吉にある風浪神社に、「嘉吉」の前の永享7年（1435）の年号を記した【神像】があるという記事を目にした。像高22・9センチの樟材に彩色が施されているという。

今でも路傍に祀られているお地蔵さんで、地元の人のお世話などで真新しい胸かけに取り換えられたりしている像を見ることはあるが、〝神像とはそういうものか〟とあらためて思った人もあるだろう。なぜなら、神様は、普段姿を見せない神殿の奥の鏡の中…?などと、思いこんでいるふしがあるからである。

その神社には、「天文16年」（1547）3月21日に蒲池氏による上葺再興をした際の棟札が残っていることは知られていた。その棟札に、「留永村」という、今のどの地区にあたる地名なのか不明の記載があることも知られていたが、それより百年以上前の「永享」の年号を記すご祭神の神像があったことはあまり知られていなかったようである。

京都

前年の応永35年（1428）1月に室町幕府四代将軍足利義持が亡くなり、同年（4月に正長に改名）7月に称光天皇が亡くなり伏見宮彦仁が御花園天皇となる。

義持は、父親の三代将軍足利義満の実子であり、後継者である。義持が足利家の家督であった期間はほぼ二十年間、その実像は、あまり知られていない。次期将軍を指名せずに亡くなったため六代目義教は、クジで選ばれた、という話はよく知られている。

諸大名、宿老は「くじで後継者を決定」しようとした。義持は、クジの決定そのものは了承しながらも、自分が閉眼するまで、クジを開くことを禁じている。その理由というのが、嗣子、五代目義量が早世した後に、「後継者の男子が誕生するかどうか」八幡宮の前で占った。出生しなければ、家宝の宝篋院殿（義詮）以来の御剣、鬼神大夫作の剣を奉納する、というものであった。クジを引いたところ、男子出生という神慮となり、その夜、男子出生の夢をみた。このようなことがあったゆえに、（後継ぎ）を決めなかったのである。それに、自分が生きている間にクジで兄弟の中から後継者を決定すれば、二度も神に伺うことになり、先の神慮に反するというのである。

義持は神慮や奉納願文等をたよりに、自分の子の中の男子から家督相続者を選びたい。それゆえに、十九歳で亡くなった義量の後の将軍の地位を空位にしておいたのであるが、それはかなわなかった。ともあれ、比較的平穏な時期でもあったようだ。父義満は、日本史上でも類例を見ない南北朝という混迷期を強靱な戦略と腕力によって終息に導き、戦禍からの復興の切り札としての明との交易に踏み出す。このような父や弟義教に比べれば、地味な印象をうける将軍であるが、芸術文化への造詣深く、当時の禅宗界の新思想にも理解を示す第一級の知識人だったという評価もあったのである。当時の幕府の重臣たちも、禅僧としての名を持ち、「高度の知性と洗練された趣味を弄ぶ貴族的知識階級」といえるほどのものであった、という説もある。また、神仏に対する崇敬の篤さは一通りではない。北野社や石清水八幡宮などへの寺社参詣も多く、義持が将軍職を義量に譲った夕、北野社に参詣の後、等持院に渡御して出家をとげたという。三十八歳、法名を道詮と号した。出家の理由は、将軍の地位を義量に譲り、父義満のように政治活動をしようとしたという説もあり、また深く信仰している禅の奥義を極めようとしたものともいわれている。

義持最晩年ごろ、天皇に継子が存在せず、また御小松上皇の第二皇子も死去して、皇位継承者が不在であることにより、皇統継続も危機的状況に陥っていた。この時期、前述のように、嗣子の義量の早世という事態ともなっていて、幕府の将軍も欠けていた。義持は、このような、自らの足下が不安定な状況の中で、皇統を守り、維持していくために、武門の棟梁、幕府の統率者という第三者の立場に立っての、最大限の努力を傾け、危機を乗り切っている。

正長2年（1429）3月15日、足利義宣は義教と改名し征夷大将軍となった。

9月5日、年号は「永享」と改元された。「能立魏義之功、伝于子孫、永享無窮之祚」(後漢書)(令和の改元の折の太宰府・坂本八幡宮の賑わい、喧騒ぶりは記憶に新しい)

永享4年(1432)9月、義教は富士見物と称して、駿河まで下向する。

駿河の守護、今川範政は、望岳亭を建てて歓待する。前日の雨で、山は待望の雪をかぶり、白妙につもれる景色に一同、「冨士権現もきみの御光をまちおわしましけるとみえてあやしくたうとくぞおぼえ侍る。」(『富士御覧日記』)

後に反乱を起こす関東公方、足利持氏は病と称して出仕しなかった。

天皇も将軍も新しくなったが、前年8月ごろより年号が変わる頃にかけて、近江では土一揆(正長の土一揆)が起こり、京畿諸国、播磨まで広がっていた。

10月ごろには、大和でも土一揆が起こっている。

この年、義教は遣明船を見送った。翌永享5年に北京に至って貿易が再開した。遣明使は天龍寺の僧、龍室道淵である。当時、正使は五山僧が選任された。使節には、外交交渉が可能な高い教養、貿易を行う事務的能力が要求されたためである。

朝鮮との交易は、永享元年に第2回朝鮮通信使が来日している。足利義教の使者宋金・道性は、朝鮮王世宗に謁見する。使者ら、日本国王への返書と虎豹皮、雑彩花席・人参・白鳩・斑鳩などの贈物を持ち帰国する。朝鮮への使者派遣については、対馬の宗氏、渋川氏、早田氏、大友氏ら、頻繁に使者を派遣し、土物(土地の産物)を献じ、『大般若経』

を求めたりしている。

永享5年（1433）には、「永享の山門騒動」が起き、同7年には、根本中堂が焼けている。

同9年、義教は『法華経』六十六部を諸国の仏寺に奉納する。（『蔭涼軒日録』）

（六十六部といえば、地元・成就寺に大永8年（1528）の六十六部の人の足跡をたどる史料の唯一のもの、全国でも他に見出されていないという板碑の存在が知られている。）

永享年間の義教周辺の京都は、年中行事、猿楽・相撲・茶会・松囃し・神社参詣・花見等々と、室町文化の賑わいも華やかさもまだ維持されていたようだ。永享2年3月半ばには、醍醐寺で花見を行っている。前日に、会所飾用の唐物を立阿弥に飾り付けさせるという念の入れようである。後の秀吉の醍醐の花見が連想される。連歌の会は、在任中、永享6年を除く毎年、北野天満宮で大規模な連歌会を催している。大名たちは、自らの配下のうち特に連歌に優れた者を動員して臨んでいる。（『室町文化の座標軸　遣明船時代の列島と文事』）

北部九州

そのころ九州では、大内盛見と、少弐、大友などの在来勢力との衝突もあって大規模な紛争が展開されていた。「永享3～5年の北部九州は、乱国の様相で、幕府は、安芸の国人を九州に動員している」（『室町幕府の地方支配と地域権力』）

つまり永享3年（1431）4月、大内盛見は、筑前進出を企てる大友を討つため、筑前に出陣、大友氏の筑前立花新城を攻め落とした。大友持直・少弐満貞連合軍は、大内盛見を筑前怡土郡萩原で討ち取り勝利する。盛見の後は大内持世が家督を継ぎ、周防・長門・豊前・筑前の守護となり、九州へ兵を進め大友持直としばしば戦う。幕府は、菊池持朝に命じて、大内氏を支援させる。（『満済准后日記』）

永享4年11月、幕府は大友持直を廃し、豊後の守護職は、大友親綱に、また菊池持朝は、筑後の守護職に補任されている。

同6年、大友持直は、豊後海部郡の姫嶽城に拠って蜂起するが、同8年4月、大内持世に攻められて敗れた。

永享4年（1432）から寛正6年（1465）まで、菊池持朝・為邦と菊池氏の筑後支配がなされる。

寛正3年（1462）3月、足利義政は大友親繁の子政親に筑後半国の守護職を与え（大友文書）、同6年7月には筑後一国の守護職を大友親繁に与えている。「菊池肥後守去り渡さず、結句入国の後両度押し寄せ合戦に及ぶの条……」と、大友・菊池合戦もあり、為康が高良山で敗れ、将軍の命もあって、菊池氏は、筑後から撤退し、肥後の領国経営に

専念する。（大城美智信）

大内持世の九州進出には、少弐満貞（十一代）、資嗣（十二代）も共に迎え討ったが、満貞は、秋月城で戦死、資嗣は肥前与賀庄で戦死する。遺された嘉頼（十三代）と教頼（十四代）らは、対馬の宗氏を頼って筑前より逃れる。嘉頼は対馬で没し、弟の教頼は、宗貞盛の支援を得て太宰府の回復をはかった。そして、大内持世の軍と戦って敗れ、再び対馬に逃れる。

その後の少弐氏は大内氏との抗争で一進一退、失地回復を謀るが、のち永禄6年（1563）に滅亡することになる。その間、竜造寺、鍋島をはじめ、馬場、筑紫、江上、横岳、千葉などの諸氏が少弐氏などの係累から勃興し、戦国の世に覇を競うようになっていく。

西国

同じく西国では、永享9年（1437）以降、大覚寺義昭《だいがくじぎしょう》（京都の将軍義教の弟）が、反乱を起こし続ける。義昭を最初に支えたのは、山名持熙（山名宗全の兄）で、義昭を擁立して、備後国府で挙兵し、上洛も企てたが、即座に大和国天川へ逃れた。

山名氏も一枚岩ではない。義昭を次に支えたのは一色某と佐々木某で、その後、義昭は南九州へ逃れる。その間、彼は、（義教の政道は非道であり、足利家を永続させるのは足利義持の猶子たる自分だ）と宣伝し、軍勢を催促していた。結局、幕府の命をうけた島津忠国からの攻撃を受けて義昭は自害する。

その介錯を引き受けた人物は、介錯役として、手にかけてしまったということで、自殺を図ろうとした。「忝くも手に懸け申しおわんぬ……」と、回顧している。京都に到着した義昭の首は、「逆賊の首」ではなく、「御舎弟の貴きに依って」首実検が行われた（『建内記』）。義昭が、貴種であるとの認識が都鄙で確認される。義持の生前、継子である義量が亡くなり、籤で選ばれた将軍への不服分子を支える人もいたというのである。

永享の乱

関東では永享の乱が起きていた。永享10年（１４３８）、足利基氏（尊氏の子）の子孫持氏が反乱を起こす。四代目公方として勢威を増した持氏は、持氏を無視した籤引きで選ばれた義教に不満だった。足利家嫡系である将軍家に対する対抗意識を増幅させ、ついに反乱を起こして鎮圧された。持氏の遺児、安王丸・春王丸は捕縛され美濃の国で処刑されたものの、万寿王丸は生き続け、後に足利成氏として関東公方となる。

この頃、倭寇船も出没し、朝鮮済州牧使金治、倭寇船一艘と戦っている。

紀伊・和泉・河内・大和の南朝遺臣も時折出没し、畠山持国らが攻略する。

二　嘉吉の乱

永享の次の年号が「嘉吉」である。京都で勃発した事件はやはり九州にも及んでいた。

嘉吉の乱とは……嘉吉元年（１４４１）に、有力守護の赤松満祐が、将軍足利義教を暗殺し、そして播磨国で幕府の追討軍に討たれた事件である。

義教は、応永35（１４２８）年正月に、いきなり仏門（青蓮院門跡）から政界に転身し、室町殿の座を用意された将軍である。つまり、神籤《クジ》によって、室町殿に擁立されたのがこの人である。

金閣寺を造った義満の子、義持・義教らの兄弟・姉妹は多かった。まず足利将軍家を誰が承継するか、ということについて、すでに、征夷大将軍の地位は義持が継いでいた。実質上の権限は義満が握っていたことはよく知られている。家督承継の強力なライバルとして弟の義嗣がいた。生母は春日局（江戸時代の有名な家光の乳母ではない）であり、幕府評定衆の掃部頭摂津能秀の女《むすめ》といわれている。

義嗣は応永元年に生まれ、天台宗の門跡（三千院）に入室したが、義満は梶井門跡から連れ出し、日野康子のもとにおき寵愛したという。例えば、後小松天皇の北山殿への行幸の折、元服以前にも関わらず異例の待遇を受けている。さらには親王元服に擬して内裏で元服を行うというように、次期将軍の有力候補として急速に台頭していた。足利家の家督相続について、義満の義嗣への寵愛がきわめて深く、世間の人々は、義嗣が兄である将軍義持を押し退けて、義満の後継者になるだろうと噂していたというのである。

ところが義満は、義嗣の元服二日後に病に倒れ危篤に陥った。後継者を遺言する間もなかったという。斯波義将（管領斯波義教の父）の主張により義持に決定した。三代義満への太上法皇号追贈を辞退させたのもこの人である。この時期、幕府の政治的主導権を握っていたようである。義嗣はのち権大納言まで昇進するが、応永25年に亡くなっている。

他には、次のような兄弟がいた。

○青蓮院尊満　永徳元年（1381）正月11日生まれ。母は加賀局（実相院の長快の女《むすめ》）。義持の庶兄である。後に青蓮院を出て香厳院に入り、友山清師と称した。

○御室法尊　応永3年（1396）12月晦日生まれ。生母不詳。応永16年（1409）11月7日に仁和寺で得度。同19年4月准三后の宣下を受けた。応永25年（1481）2月15日に病没。二十三歳。

○虎山永隆　義持後継者のくじに選ばれた一人。応永10年（1403）生まれ。生母、池尻殿。伏見退蔵庵に居する。後に相国寺常徳院に移る。嘉吉2年（1442）2月18日死去。享年四十歳。

○大覚寺義昭　義持後継者くじの一人。前述の人物。応永11年（1404）生まれ。応永

21年（1414）5月得度し、28年（1421）僧正、東寺長者に補任される。将軍義教と不和となり、永享9年（1437）7月に大覚寺と逐電して、九州に渡る。以下略。

○梶井義承　義持後継者くじの一人。応永13年（1406）生まれ。母は藤原誠子。19年（1413）3月に梶井門跡に入室。応仁元年（1467）10月18日死去。68歳。

その他、夭折した男児数名がいた。また女性は、

○入江殿聖仙　応永4年（1397）生まれ。義持と同母。応永8年（1401）6月8日、浄土宗の比丘尼御所入江殿三時知恩寺に入った。応永22年（1423）3月1日死去。享年十九歳。

他に、○大慈院聖超。○法華寺聖順。

義持の兄弟、つまり義満の子は、以上のように多くは僧侶になっている。そして、その後に還俗した義嗣・義昭・義教は敢え無い最期となっている。

三　擁立された義教

応永35年3月、還俗、正長2年3月9日の元服から同15日の将軍宣下、参議・左中将への昇進、青蓮院門跡から還俗後の義宣から義教への改名を経て、同年8月4日の右大将宣

下へと室町殿として立つための身辺的な地盤固めは、坊主の髪がのびるのが間に合わないほど大急ぎで、かつ順調に進められた。

足利義教政権にとっての最大の政治課題は、その関東問題（永享の乱）の決着であったという。その他に、お膝元で生起した土一揆への対応、畿南でなお不気味な動きを続ける後南朝への対策、さらに、大内盛見没後に混乱した九州の統治など、政権のかかえる課題は多く、しかも相互に関連していた。重大事件が持ち上がるたびに、室町殿たる義教は、管領や満済（三宝院）を通じて重臣たちの意見を聴取している。義持時代以来の重臣たちが、幕府政治に、盤石の重みをなしていた。

その重みとは、義教が時折示す敵対勢力との対決やもめごとへの強硬な措置を諫め、室町殿の暴走を阻止する力である。義持の臨終のとき、後継者を指名しなかったのは、これら重臣たちの力量に鑑みて、最良の裁定を施すであろうと……？　あるいは、同腹でない兄弟も含めて複数の候補者に甲乙つけがたく、判定が間に合わなかった……？　誰が将軍になるか、管領をはじめとする重臣にとってはやはり切実な人事である。神頼みとなった人事は公明正大に行われたのだろうか。現代からみれば、不可解なのであるが……。

「永享元年（１４２９）当時、そのような方法で選ばれることは神意に叶うとされたので、それ自体にマイナスの意味はない。しかし、臨終を迎えた時の権力者―四代義持が自ら後継指名を断念し重臣からも積極的に候補者の名が出されなかった状況は、人々に幕府将軍家の動揺を強く印象づけた。」（『日本国王と勘合貿易』）

さらに、こうした幕府の重鎮たちの死去が、永享年間半ば以降、目白押しに続く。満済（醍醐寺座主、義満の猶子となっている）も永享七年没、とある（藤吉の風浪神社の神像に記された年号と偶然だろうが同じである）。彼らの死去によって、義教政治の制御機能が失われていったといわれている。

義教は、有力守護家の分断政策を推し進めていた。将軍権力を絶対的なものにしようとした政治姿勢にあった、といわれている。義教は、義持時代から続いていた守護との協調的慣行を打ち破ろうとし、守護等と厳しい対立を引き起こしたのである。

そのような事情の中で勃発したのが、嘉吉の乱である。

改元より間もない嘉吉元年、6月24日の嘉吉の乱について、事件の発端は、播磨国守護をめぐる問題であった。『建内記』同日条、「今夕前代未聞の珍事あり」という。

事件が起きた場所は、西洞院以西・冷泉以南・二条以北にあった赤松教康（満祐の子息）の屋敷である。

この日、諸敵平定祝賀の宴が催されるということで、室町殿義教は、「未の斜」（午後2時すぎ）教康のもとを訪れた。お相伴として、管領細川持之、畠山持永、山名持豊、細川持常、大内持世、京極高数らの大名が在席した。余興として猿楽三番が演じられ、盃酌も五献に進んだところで、義教の座席の後障子が開き、甲冑を着た武者数十人が乱入し、義教を殺害した。管領以下、着座していた諸大名は即座に座を立ち退出したが、大内持世と京極高教の二人だけは抜刀し防戦した。相伴していた権中納言三条実雅は、義教の儀礼用の金覆輪の太刀を抜き相防いだ。義教の近習である細川持春・山名熙貴はともに激しく渡り合ったが、持春は負傷し、熙貴は落命した。走衆の遠山と下野守は、負疵がもとで、帰家して死去した。

赤松教康は屋敷に火をかけ、義教と熙貴の頸を剣にさして本拠の播磨へと、下国した。これを追撃するものは一人もいなかったそうで、それは「言語道断の次第である。」と、伏見宮の親王の感想も寄せられた。また、教康の父、満祐は、「狂乱」によって去年から出仕していないかったが、被官の冨田入道の屋敷にいた満祐は、教康の播磨下国の際には、輿に乗って合流したとのこと。

半更（夜半）ばかりに、管領細川持之は、使節を朝廷にすすめ、事件の概要と「若君」千也茶丸（のちの七代義勝）の擁立予定のことを奏聞した（義勝の将軍就任は嘉吉2年11月7日、ときに義勝九歳）。

ここでの注目は、この京都に於ける、「嘉吉の乱」の余波である。大内持世は、宴に列席していて死去している。

少弐教頼は幕府から、赤松追討の命令に反している。つまり、〝播磨から逃走した赤松満祐の弟、則繁を匿った〟ことで、幕府から討伐をうける身となった。幕命を受けた大内教弘は九州に渡り教頼を攻めた。敗れた教頼は対馬に逃れていた。

赤松則繁は赤松教康とともに、井原における直冬（尊氏の実子で直義の養子）の孫の足利義尊を将軍候補として擁立した。もちろん、正式に将軍宣下を受けたわけではない。彼は備中国〝善福寺〟（現岡山県井原市）の禅僧だったが、播磨国へ移動して還俗し名を義尊と改め、井原御所と称された。満祐は、義尊を「井原御所」と称することによって、事実上の将軍とみなした（直冬流の一族が、義教の猶子として、門跡寺院にも入室していた事実は注目に値する）。そして、義尊の名前を使って、各地に軍勢催促を行い、態勢を固め、幕府軍に対抗する姿勢を構えたとの情報も入ってきている。

これに対して幕府首脳も、満祐が幕府追討軍に対する旗印として、〝足利氏の誰か〟を奉じるであろうことは想定の範囲内であって、それを防ぐべく在京の足利氏（禅僧＝将軍後継になれそうな男子＝義持・義教の兄弟たちはすべて仏門に入っていた）を保護・監視したり、在国の足利氏（備中国の禅僧で、播磨国へ向かおうとした義尊の弟）を殺害したりして、満祐の先手を確実に打ってはいたが、義尊を推戴されてしまった、ということになる。

則繁と教頼は義尊に付き従って城中より脱出したが、その行方については、伊勢へ向かったとか、遠く九州日向に赴いたとかの噂が流れた。死骸が見つからないので、蟹坂の合戦で、河船が転覆したことがあったことから、その船に乗って溺れ死んだのではないか、と記されている。則繁は、九州少弐氏のもとに逃れてきていたのだ。探しても遺骸も見つからないはずである。

赤松満祐が播州城山城で討ち取られて嘉吉の乱が終結するのは、嘉吉元年（１４４１）9月10日である。

四　筑後国あたり

もう少し時代が下がる（約百年）と、上蒲池氏は矢部川流域に城を構えていた。藤吉の風浪宮の棟札に天文の年号を記す下蒲池氏は、諸説あるが鑑盛の時代に蒲池城から柳川城へと本拠を移したようである。「2方は海により、2方は沼堀縦横にして要害堅固の地」防御に優れた地であり、水軍（船）をもつ国衆として、比較的内陸の蒲池城より海に近くまた潮の満ち引きによって、遡上することのできる沖の端川付近の柳川に城を構えることにしたと考えることができる。（『蒲池氏と田尻氏』）

下蒲池家は本来、船舶の風浪の難を守る祭神である風浪宮に、強い信仰の念を持っていた。大川の風浪宮の祭りには、何本かののぼり旗がはためく。「神功」という太い墨書の文字も揺らいでいる。古代の海神ゆかりの社とみえる。初春の行事は、大善寺の玉垂宮の「鬼夜」と共に、寒空の中、有名な火祭りもある。神社の歴史１８３０年……、と看板にも書かれていて、数々の知られざる歴史も目にしてきたことだろうが、本殿は永禄3年（1560）、蒲池鑑盛の再建になるという。

藤吉の風浪宮は、「瀬高門跡」という石柱の傍にある。瀬高門は、本当はもう少し北側の国道橋あたりにあったもので、石柱が、移転してきているという変な話もある。本当かどうか？　いわれてみれば、旧瀬高町はもう少し北の方にある。

『旧柳川藩志』によれば、「東西15間、南北17間。ここの産土神祭神は綿積命で、境内に池があり、そこに浮木があってそれを神の御舟（浮き舟）とよんでいた。境内に宮地社及び海神あり。風浪宮の額は、沙門金海の書なり。この地区は、往時より、白馬・油商売・紅花を植えること・井戸を掘ることを忌む。神の御嫌いあるがためなりという。」

なぜ神がお嫌いあるのかは不明である。

神像の永享つながりでみると、京都では、永享期、1月6日に「白馬の節会」が毎年行われていた。何かの理由で神がお嫌いになったのだろうか？

今は堀をはさんで、うなぎ屋や焼き肉屋の斜め向いにみえる社殿は、棟札に記された天文年間から何度目の再建になるのか、簡素で真新しい。

実は、藤吉の風浪宮は古いというわさは、これらの再建の年号からきているのだろうか。とはいえ、大川の風浪宮には「正平塔」とよばれる南朝年号（1346～1370）

を称する石塔が存在する。

蒲池鑑盛の時代、下蒲池家は、大友氏のもとで飛躍的に勢力を拡げている。近在の田尻氏も同様に兵船を所持していた水軍でもあった。大友への『豊後参府日記』に、その羽振りのよさ、繁栄ぶりを知ることができる。

「～奥羽・九州は、遠国でありながら、幕府内部の政治勢力と密接に連動する～」（『中世の権力と列島』黒嶋敏）

この謎を解いていくうちに、この地方のあまり知られていない、意外なある歴史も垣間見えてくる……。

五　石塔の人物名

石塔の銘文中の「宗金」や「彦四郎」などという人名に注目である。いくつかの「宗」という字が目につく。

「宗金」はたまたま手にした『老松堂日本行録』に記す「宗金」と同一人物ではないか！当たりはずれ構わず、とは言いながら、半ばある確信をもって謎解きに着手である。

六　ある本の中の人名

『老松堂日本行録～朝鮮使節の見た中世日本～』という本が、李氏朝鮮の官人、宋希璟によって記されている。「朝鮮国回礼使奉正大夫畯知承文院事直集賢殿老松秀才均亭宋希璟正夫」（1376～1446）。字は「正夫（チョンブ）」「老松堂」はその号・三品以上、というのが、日本での正式な名乗りであるという。

1420（朝鮮：世宗2・日本：応永27・明：永楽18）年に、日本回礼使として漢陽（ソウル）から京都までを往復した際の見聞や感慨を、詩及びその序に託した紀行詩文集である。

当時の朝鮮は、倭寇問題の解決の必要から日本に関する情報を精力的に収集していた。希璟は、日本発遣の命を受けた日、国王世宗から「他国へ行くに、詩を以て作らざるべからず」と言い含められ、「出城の日より、復命の時に至るまで、浅陋揆らず、凡そ、耳目に接するものあらば、皆記して、これを詩とした。」という。

この間、9か月あまりの見聞や行動を、希璟は、国王世宗の命に答えるべく、五言・七言の漢詩と散文の序という形式で記録している。

このような成立の事情もあって、海賊・航海・寺院・都市・性風俗・慣習・季節感・農耕・風景・喫茶・絵画・文芸等、15世紀の日本社会の多彩な情報、意外な様相をも、知ることができる。

例えば、京都の苔寺として有名な西方寺も訪れている。その寺は、「天平年中（729〜749）に、行基が聖武天皇の勅願で開創した畿内四十九院の一と伝える。供隠山という山号を持つ臨済宗の寺院である。自作の阿弥陀像を安置し、西方寺としたという。暦応2年（1339）に、幕府評定衆「摂津親秀」が無窓疎石を招いて禅寺に改め、寺名を西芳寺と改称した。」などという記事もある。

みやま市の清水山にある清水寺（清水山西方寺）の本坊庭園は、なぜか、この苔寺の庭園とそっくりにみえる。

そもそも、来日の理由は、「応永の外寇」に関わっている。

七　応永の外寇

応永26年（1419）5月末、倭寇が朝鮮西海岸を襲ったことが、朝鮮による対馬討伐の契機となった。6月下旬、太宗（この時王位は子の世宗に譲っていた）は、倭寇の被害に悩まされ倭寇討伐を挙行しようとして、船二二七艘、兵一万七千余をもって対馬を攻め、倭寇に打撃を与えた後、7月3日には朝鮮に引き上げた。太宗が対馬に対して征討を企てたのは、倭寇問題だけがその理由ではなかった。そこには本来は、対馬は朝鮮の領土であったとする意識も強く存在していたとする説もあって、朝鮮では、〔己外東征〕とよんでいる。

その一か月ほど前の『看聞日記』5月23日に「只今聞く、大唐国・南蛮・高麗等日本に責め来るべしと云々。高麗より告げ申すと云々。室町殿仰天、ただし、神国何事有らんや。」

応永の外寇は、当時の政界に大きな衝撃を与えたために、あらぬ噂が広まった。たとえば、大唐蜂起があったとし、そのため、出雲大社が振動し、流血を見たとか、軍兵数十騎が広田社から出て東方へ行ったとか、女武者（広田の祭神・神功皇后か）が現れたとか、様々な荒唐無稽な噂が続いていたことも記されている。

三宝院満済は、違う情報を得ていた。義持のもとに、九州少弐方から注進状が届いていた。（『満済准后日記』応永26年8月7日条）

少弐満貞は、「対馬に蒙古船先陣五百余艘……」などと、合戦の状況と、生け捕った捕虜の白状の内容であるが、攻め寄せてきた五百余艘は、悉く高麗（朝鮮）であることを明記している。しかし、明（唐船）も攻撃に参加する予定であったが、大風により計画を変更せざるをえなかったなどと述べている。折も折、永楽帝が、朝鮮国王に対し、「日本への出兵」について通告していたのは事実であり、（結果としてはそのようにならなかったが）幕府と朝廷も、明が朝鮮と連合して対馬に攻め込んだと判断していた。

そのため、義持は明使者呂淵を兵庫より追い返している。永楽帝が怒って朝鮮に「朕は兵船を数万発して日本を討とうと思う」と語っていたのは（『李朝実録』太宗13年（応永20年）3月）はなぜなのか。にもかかわらず、永楽帝は、来貢を勧める勅書を王進や呂淵に託して再三日本に派遣していた。応永26年に至ると明との外交関係は完全に断絶する。

義持は、隣国との交易は望むところであるが、神明に託して冊封関係を否定していた。つまり義満が病気になったのは、神々の祟りである。それは外邦（明）に対して「臣」と称し、明の大統暦や日本国王印を受けていたからである。ゆえに義満はそのような行為を行わないと神々に誓い、子孫に戒めとして固く守るように遺言していたというのである。

幕府と朝廷は、三度目の元寇かと恐れ、対馬侵攻をその前兆と考える向きもあって、これは、義持に明の出兵を強く疑わせる注進状であった。

応永の外寇は、朝鮮と対馬の宗貞盛との間に和睦がなり、一応の終息をみたのであったが、幕府は朝鮮の意図を測りかねていた。

八　幕府への事情説明

当時の九州探題・渋川満頼は、朝鮮側の意図を知るため、博多居住の僧・宗金を京都に送って（おそらく朝鮮への遣使派遣についての）幕府の意向を打診させた。宗金は京都で、義持と親しい陳外郎（陳宗寿）と相談し、陳外郎はこの件を義持に上申した。

室町幕府は、真相解明のため、〝大蔵経を求めるという名目で、朝鮮への使節派遣を決定した。次の者が起用されている。

正使　無涯亮倪（博多妙楽寺の僧で無方宗応の弟子）

副使　平方吉久（＝陳吉久・博多商人）

正使に起用された無涯亮倪は、博多妙楽寺の十二世、法を無方宗応に継いだ大応派（松源派）の僧で、和泉国・白根の生まれ、示寂年、応永14年2月5日。

無方の塔頭、明興庵の開基檀越は、「陳延祐」という。

副使の平方吉久とは、博多商人、とある。当時の博多は、エネルギッシュで世俗性の強い風土、といわれているが、いわば外交使節のひとりが、適当に選ばれたとは想像しにくい。「副使」に選ばれた平方吉久は、陳宗寿の子であり、陳延祐の孫にあたるという。

陳宗寿は、陳外郎あるいは大年宗寿ともいう。父陳延祐は中国台州の人で、元末に、江州に拠って自立した陳友諒の宗族（男系で繋がった一族で、同じ姓を名乗る）といわれている。友諒が朱元璋（後の明の太祖・洪武帝）に討たれた後、二君に仕えるのを潔しとせず、博多に渡来し、聖福寺の僧となり、台山宗敬と号したという説もある。その子である陳宗寿は、足利義満の招きにより入洛し、義満・義持に仕えて、外国使節の接待役や典医を務めた。代々、「外郎」を名乗る。

「外郎＝ういろう」という菓子は、この外郎に由来するそうである。(『朝鮮人の見た中世日本』『対馬と倭寇』関修一、『室町幕府と地方の世界』榎原雅治)

このようなことからは、両使節の人選や使節派遣の計画自体に、陳外郎(宗寿)と博多在住の僧宗金なる人物が深く関与していると、みることができるようである。

「宗金が、なぜこうした重大事を幕府に伝える使者になったのか」、という疑問である。義持期の九州の情勢については資料が乏しく、よくわかっていない、という説もある。宗金の活動はその初発から九州探題、ならびに室町幕府との接点があるらしい。宗金はすでにそれ以前から、畿内と博多を交易活動する僧形の廻船商人であり、「九州探題は、畿内と交易活動する宗金を、使者として利用したものと考えたい」という見解がある。

翌1420年、朝鮮は、要求通り〝大蔵経〟を与えるとともに、文臣宗希璟を日本回礼使として、無涯らの帰国に同行させたのである。

希璟は、閏正月十五日ソウルを出発。

四月二一日京都に到着、

六月十六日将軍足利義持に謁見した、

同二七日京都を発ち、

十月二五日ソウルに帰り着いた。

九　博多の寺

使節に禅僧を採用するのは、当時の慣例であった。

博多妙楽寺は臨済宗大徳寺末の禅寺で、もとは息浜（当時は現在地より海側）にあったといわれている。山号を「石城山」という。正和５年（１３１６）月堂宗規を開山に迎えて元寇防塁（石城）の跡に築かれた石城庵が、貞和２年（１３４６）妙楽寺と改称されている。

南北朝期の妙楽寺には、「高楼百尺（約30メートル）」と謳われた「呑碧楼《どんぺきろう》」が境内の坤の隅に海に突き出してそびえ立っていたという。いわば、博多のランドマークである。遠く中国から、「呑碧楼記」という詩文が寄せられるほど、そこからの絶景は、中国にまで聞こえていた。

室町期には、遣明船発着の際の宿泊所の役割もあって、幕府・九州探題とも密接な関係があり、博多の対外交流拠点として繁栄したという。

「寺は、遣唐（明）使の駅（宿泊所）たり」である。

聖福寺・承天寺・妙楽寺など、博多の禅宗寺院は、使節の宿舎としても利用された。

妙楽寺は太宰府崇福寺（横岳派）の勢力下にあり、博多・兵庫・京都・堺などの各都市を拠点に東は、尾張や鎌倉にも伸びている。各末寺は、大陸貿易との深い関わりで、相互に結びついていたらしい。(『石城山呑碧楼記』)

9世紀に新羅や唐の海商が来航して以来、朝廷は、筑前国博多を海商たちの来航すべき貿易港として認識し、貿易管理を行っていた。

その公的な貿易管理体制は、11世紀半ば、宋の海商の拠点が、鴻臚館から、博多唐房(博多浜の西岸)に移った後も維持されていた。

12世紀前半に、日本の寺社権門が、博多綱首に資本を出資して宋に貿易船を派遣し、帰朝後にその利益の配分を受ける形態がとられはじめている。中央の寺社権門は、博多綱首を、身分的に帰属させて、貿易船を経営する博多直近の寺社・荘園を傘下に置いていく。そして、貿易品の国内流通と、輸出品の集荷を、権門に帰属する日本の商人の手に委ねた。博多は、商人たちの流通網を通して、輸出入品の集散地としての性格をさらに強め、輸入品が、国内に広く運ばれていく。

12世紀半ばになると、博多唐房が解消され、中央政府の関知しない対外通行が拡大していくが、博多は、貿易拠点としての、圧倒的な優位性を維持発展させていたらしい。(『日本の対外関係・通交・通商圏の拡大』)

博多に、物資と人が集まる好適な条件がますます向上している状況にあった。

十　宗金という名

当時の妙楽寺は宗金や平方のような、僧俗の境が不明瞭な僧侶的商人や渡来人系商人が多数屯する世俗性の強い寺院、というのが博多禅寺の共通の特色だったという。

博多の有力商人、僧宗金・善珍・宝倪・平方吉久らが、旦過寺に連日やってきて、食事のもてなしをした。九州探題の使節を務めた文渓正祐（僧）との間で、漢詩を応酬した。承天寺の主僧に漢詩を送り、妙楽寺の主師である林宗に茶を煎じてもらった。聖福寺の僧七〜八人が、旦過寺を訪れ、希璟に詩を求めている。

石塔に刻まれた文字と同じ……

ここに記す……「宗金」とは、

もと円福寺の僧で、高涯西堂と兄弟弟子。高崖西堂は天潤庵の僧であったことがわかっている。従って、宗金も天潤庵の僧でもあったと言える、という説がある。

天潤庵は、建仁寺における大応派の拠点で、南浦紹明に法を継いだ筑後出身の禅僧、可翁宗然が開いた塔頭であり、〝宗〟の字は、無方宗応に法を継いだ「大応派」に多い系字である。（『九州中世禅宗史の研究』）

【この石塔の銘文には、〝宗〟の文字が入った人名が4つある。】

円福寺が大応派の寺院と考えられること、〈宗金〉の兄弟弟子にあたるとされる高崖西堂が天潤庵の僧であったこと。それらのことから、宗金は大応派に属する禅僧であったことが、読み取れる。

宗金の「宗」の字は、【大応派に多い系字】で、おそらく建仁寺天潤庵系の大応派の門徒であったのだろう。

太宰府の崇福寺は、天潤庵との密接な関係があるらしい。また、博多妙楽寺は、崇福寺の末寺という関係でもある。各末寺は、大陸貿易との深い関わりで、相互に結びついている。博多の禅寺とも深く結びついていた。(『九州禅宗史の研究』)

古来より大陸の窓口的役割を担ってきた博多の地に、他地域に先んじて禅寺が建立され、同地が九州における禅宗展開上の一大中心地となっていた。「博多禅」といわれている。博多津は、対外交流と不可分の関係で形成され、発展してきている。蒙古の来襲期あたり以降は、幕府との関係も深まり、室町期の九州探題との関係形成へと発展していく。博多禅のネットワークは、九州の枠を超えて拡大し、中央の禅寺の動向にも大きな影響を与えていた。また、九州北中部地域への禅宗の展開が促進されていった。

同地域の在地領主らは禅宗を受け入れることが、在地支配という政治目的といわば合致していく面があった、といわれている。

たとえば、荘園領主との関係、一族の惣領制の問題との関わり、南北朝動乱の影響など、各領主とも複雑であり、地方の末寺拡大の様態や特色もあり、容易に一般化できないといわれている。

南北朝の頃には、諸寺院が建立され、九州全域への禅宗流入がほぼ完了したといわれている。

このような中世寺社の勢力というのは、国家権力の中枢を担う宗教政治家であり、それぞれが荘園と被官（管理者）を抱える自立した封建領主、という側面があったといわれている。ゆえに国家からどれほどの序列を与えられるか、あるいは寺僧、神人（神官集団）を維持するため、荘園や領所をどれだけ確保できるか、ということなどは死活問題であったといわれている。（『九州中世禅宗史の研究』）
地域の寺社の動向に、中央の権力がどのように作用しているのか。例えば、全国に分布する将軍家祈禱寺については、室町殿が決定し、公事免除など、在地における種々の権益、特権を伴っていた。室町殿の徳政は、寺社領の保護を基調としたといわれている。
応永の外寇直後に幕府から朝鮮に派遣された使節は、前記のように正副両使とも妙楽寺関係者である。しかも、使節派遣の計画自体から始まってその人選を含めた全体的計画が、妙楽寺関係者の強い影響下に進められていた。おそらく義持の側近にいた陳外郎（宗寿）及び、九州探題と深い関わりをもつ宗金らの奔走が、幕府に、使節派遣の決定を促したのではないかともいわれている。

宗金という人物の京都在住時の動静がわずかに窺い知れるものがあるという。山科教言が記した『教言卿記』に、宗金の名、しばしば散見される。公家の山科家に頻繁に出入りし両者の交渉の親密さが窺い知れる。

応永14年8月15日条

「～円福寺僧宗金出家人。花山釣殿親昵之間年久見來且高崖西堂法春　折節被尋來之間同進時～～」

宗金は円福寺の僧、かつ高崖西堂の法眷（同じ法門を修行する仲間）とある。

応永14年9月2日条

「円福寺　宗漸西堂（道号東源）来臨、勧茶菓子六十五云々。」

住持は、山科教言の実弟で、応永20年大徳寺十八世となった大応派の禅僧。円福寺が、大応派の寺院であった可能性が高い。

使節派遣の翌年（応永27年）、日本回礼使として「宗希璟」が博多に来日し、宗金らが、一行の接待にあたっている。
入洛の際は、先導して瀬戸内海を通過した。宗金はこの時すでに、幕府の要人や国内商人と、かなり密接な連絡の方法を確保していたらしい。
九州探題、渋川満頼（道鎮）、義敏も、一族家臣らと朝鮮貿易に関わっているといわれている。実質的に担ったのは、博多商人であることが指摘されているが、宗金もその配下の商人、使送倭人（使者を派遣する）としてたずさわっていたようである。

朝鮮は、世宗元年（１４１９）冬、九州の通行者で、朝鮮に遣使する者は、九州探題の「書契」（日朝間で使用された書簡型外交文書）を受けてくるように定め、翌年には、対馬の通行者は、島主宗氏の「文引」（対馬宗氏が発給する渡航証明書）を受けてくるように定めた。つまり、宗金が朝鮮通交を行うためには、九州探題に接近せざるをえなかったという事情があった。

「日朝関係」で重要な役割を担っていた九州探題・渋川義敏は大友、大内、少弐らの抗争に巻き込まれ没落する。朝鮮通交の維持・拡大を目論む博多商人に深刻なダメージを与えた。が、宗金は、その後も朝鮮貿易を展開している。つまり、１４２５年（応永32）宗金は、朝鮮国から、図書を下賜され、受図書人となった。

図書とは、朝鮮国が有力な通行者として認めた者に対して与えた銅製の印鑑で、通行者の名前が刻印されていた。

図書を獲得した受図書人は、朝鮮通交を保証され、通行の際に持参する書契に、図書を捺すことで、真偽を査証された。朝鮮から九州諸氏の朝鮮渡航のため、書契権を委ねられた渋川氏の没落に直面した宗金は、以後、探題の権威に頼らない独自の通行圏の獲得を目論んだのである。斯波、大友、少弐ら諸氏の下請け貿易なども随時行っている。

１４２９年以降、豊後の大友氏が、息浜の領有を回復すると、息浜に居住していた宗金は、大友氏の代官となり、大友氏との結び付きも強めた。

十一　称号

宗金の称号は、度々、変わっている。

〈筑州府石城縣藤氏宗金・日本石城少吏宗金・日本筑州石城管事宗金・商倭宗金・石城宗公など〉が、「石城小吏期の宗金は、大友氏の博多息浜代官であった可能性が高い。」異例の抜擢だという。

〈大友氏は、鎌倉期以来の豊後国守護であり、15世紀以降は筑後国守護職も相承した。元弘３年（１３３３）に、建武政権から「勲功の賞」として博多息浜（興浜）を与えられ、以後16世紀末に至るまで、ほぼ一貫してここを確保していた。大内滅亡後、16世紀後半は、大友氏が博多全体を管轄した。）

嘉吉2年（1442）～文安元年（1444）には、「石城小吏」から「石城宗金」に変化するが、これは宗金が、大友氏領、息浜代官の職から離れたためか、という推察もある。その後は、独立した商人として、巨利を得、活躍の舞台を広げた豪商だったらしい。

16世紀前後になると、戦国大名が一国の枠内部に止まらない対外活動を展開し、また、東アジア交流の活発な都市や港町を拠点とする豪商（貿易商人）が急速に成長している。

宗金は、一商人としては異例の『大蔵経』三八〇〇巻の贈与も受けている。応永32年（世宗7年10月）（1425）

その後、「石城管事」を自称化している時期もある。渋川氏没落が、大きな契機かと言われている。

九州探題・渋川氏は、今川了俊の後任である。渋川義敏を補佐していた大内義弘は、応仁の乱で戦死する。渋川氏は、応永32年（1425）7月ごろ、少弐満貞、菊池兼朝に攻められ没落したらしい。

この事件によって、渋川一族は分散し、満頼は上京し、義敏は筑後国酒見城に蟄居したという。石城管事、板倉満景も同時である。そして、永享6年11月に亡くなっている。一方、同年1月に少弐満貞の弟、横岳頼房が、九州探題渋川満直を肥前神崎で戦い、満直敗れて敗死、という記事もある。

渋川氏といえば……、南北朝期には、尊氏の弟、直義の正室本光院は渋川貞頼の娘、尊氏の嗣子、義詮の正室幸子は渋川満頼の祖父の妹にあたる。

日明関係

当時の日本と明国との関係は、『人臣に外交なし』が原則であった。

明朝は、初代洪武帝（1368～1398）時代から、民間人商人による対外貿易を禁止する「海禁」政策をとってきた。従ってその貿易体制は、冊封に基づく朝貢貿易（遣明使派遣による進貢と回賜）に限られていた。しかし、明代中期以降、密貿易の拡大によって、海禁政策は次第に実効性を失っていった。15世紀後半以降の東アジア海域は、多様で広域的な交流、物流がさらに展開し、多くの周辺諸国において、海域の統制が困難な状況を生み出していた……。

義持は応永25年の明使の入京を許可せず、以後、対明断交となっていた（前述）。

永享4年義教は遣明船を再開する。約二十年ぶりの再開であった。遣明使は天龍寺の僧・龍室道淵（遠）であり、その遣明船を兵庫に見送った。道淵らは、明の宣宗に謁見した。宣宗より、二百二十人に、紵糸・紗羅・絹糸・金織装衣・絹衣・銅銭を賜う。

明の宣宗は、明使を日本に派遣、勘合貿易が再開された。「日本国王」源（足利）義教は、使臣道遠（淵）を遣わし、表を奉じ、馬及び鎧甲盛刀など、方物を貢じた。


永享6年（１４３４）6月、管領細川持之から、明への返書の《国王》号について質問をうけた。『「王」字に於いては御憚り有るべからず候や。』三宝院満済は、「義教は、覇王であるので、使用はかまわない」と答えている。

が、その心は、明が勝手に義満以来の室町殿を日本国王と考えているだけ、日本国王は勿論天皇であり、諸事情からいやいやながら便宜上、というのが満済の本音である。義教の受封儀礼は、義満のそれより薄礼化していた。たとえば明国書への拝礼は、義満期の三拝から二拝に減らした。国書披見の際の姿勢も義満が跪いていたのに対し、義教は立ったままであった。

義教の神祇信仰の篤さ、排外思想の強さからくる外交姿勢のようである。義教政権の二度の遣明船さなかの永享5年（１４３３）石清水・誉田・宇佐の八幡宮三社に『神宮皇后絵巻』を奉納している。

宗金も、乗船した。宗金にとっては、初めての日明貿易であったといわれている。

永享2年（1430）に、将軍足利義教の使者（日本国王使）として博多商人道性とともに朝鮮へ渡海し、朝鮮王世宗に謁見している。帰国後、幕府は、翌年に宗金が遣明船再開準備のために再上洛する時の警護も含めて、京都から、博多への帰路の警護命令を行っている。

宗金は、【遣明船】にも関係しており、遣明船復活にも一役買っているようである。

日本国王使・道性の名がある。

前述、冒頭の石碑の文字に、「道円、道仲」という文字も見出されている。道淵の淵は、「遠」という当て字を使った例から推測すると、道円＝道淵である可能性もある。また、道仲の「仲」と道性の「性」を比べてみると、この2文字は、石塔に刻まれている文字であるゆえに、道仲＝道性と読めるものかもしれない。

日朝関係

日本と朝鮮との関係は、倭寇禁圧を求める朝鮮王朝の意向により、当初から複数の派遣主が、朝鮮側に受け入れられたことが、大きな特徴であった。

「朝鮮王朝と複数の日本人通行者が結びつく多元的関係」であり、国王への贈答や進上のほか、公貿易、私貿易が、認められていた。そのため、船団には、商人が含まれており、多様な階層が朝鮮を訪れたといわれている。

九州探題、守護大名、対馬宗氏、倭寇の頭目、商人など様々である。対馬の佐賀経済圏内の海村を拠点とする地侍層も、朝鮮貿易商人として、活動しているようである。ただ、朝鮮王朝は、有象無象の相手をすべて受け入れたわけではない。宗貞茂・貞盛は、朝鮮王朝と共同して、通行制度（図書制度・書契制度・文引制度）を導入・運用したことで、自力では通行貿易の参入が難しい大多数の地侍層は、宗氏の通行使節という形式をとって朝鮮に渡航する必要が生じたのである。つまり、領国支配と朝鮮通交が、政治的・経済的なレベルで、密接不可分となり、宗氏の名義のもとで通行貿易を行わせることにより、彼らの被官化を進めている。

主家だけでなく、勢力下にあった中小領主も、さかんに使節を送るという形式で、貿易、交易＝遣使を行っていたようである。

なかでも日本国王使はじめ、使送倭人の正使、副使はそもそも禅僧が多かった。

南北朝期、この時代も倭寇が盛んだったといわれているが、九州探題・今川了俊が九州制覇に成功した理由の一つは、四国・肥前・肥後などの海賊を鎮圧懐柔して、統制下におき、高麗・朝鮮に対しては平和的態度に出て、充分な見返りを確保するという老練巧妙な方策をとったという。了俊の周囲には多くの時宗僧侶がいて、軍務連絡に当たっている。彼らは、和歌・連歌・早歌などの諸芸に通じた物語僧でもあった。

十二　記された名と刻された文字の一致

宗金の朝鮮通交上の名称（前述）は、時々微妙に変化しているが、【筑州府石城県藤氏宗金】としている年（1426）もある。

『老松堂日本行録』には、一行が博多から京都へ出発の折の、志賀島での情景を次のように記している。

『石城僧宗金善珍道成乗舟來餞干志賀舡上奉』

～博多の僧宗金善珍道成舟に乗りて来たり志賀の船上に餞す。～

当時、博多湾の水域は、水深が十分確保できないところもあって、外洋船は志賀島に残して、志賀島と博多の間は、艀・小舟で移動したようである。石城僧宗金らは、博多から小舟で、志賀島停泊の船上まで見送り餞をしたことがわかる。

ここに「宗金」「善珍」「道成」の名がある。前記石碑刻文の「善□」は「善珍」と当てはめてみる。

さらに、同じく石碑に刻された「彦四郎」は、皮古而羅ではなかろうか。

倭寇の頭目、早田一門にこのような名がある（『考古学と室町戦国期の流通』）。

つまり、早田一族の皮古而羅（彦四郎）ではないか？

「皮古而羅」を承義副尉・虎□衛・司猛に任じた告身（弘治16年1503）がある。

後日、肥前名護屋城博物館に行った折に、偶然にも幸運にも「皮古三甫羅・早田氏」への、同じような告身（朝鮮国王の辞令書）、旗のような大きな書が展示されていた。

彦三郎の名前には、彦四郎と同じような「当て字」が用いられている。

（皮古三甫羅告身）
教首
　皮古三甫羅為宣略将軍虎嗔衛副護軍者
　（彦三郎　早田氏）
　成化一八年三月　日

朝鮮は、倭寇制御の一環として、対馬の色々な人に官職を与えている。特に1461年には、対馬守護となっていた貞盛の子【宗成職】にも官職を付与した。成職は、嘉吉4年（1444）正月元服、初名は盛職であり、彦六と称した。日本の将軍の偏諱を拝領している。少弐被官の身分から脱却している。当時、成職も対馬守護として遣明船・遣朝鮮船の警護などの局面で、幕府外交の補助的役割も担っていた。一方、前代からの懸案である島主歳遣船制度の桎梏を克服するため、偽使の運用に着手するなど、通行権益を拡大していった。

『行録』には、他にも、次のような人物たちも登場する。

対馬島主、「都都熊丸」（宗貞盛）

〔宗氏は、はじめ少弐氏の代官であったが、南北朝期の澄茂より守護職を有している。経茂が、宗氏として、はじめて朝鮮貿易を行う。貞茂—貞盛—成職—貞国……と続く〕

三味多羅＝左衛門太郎＝

早田（万戸）左衛門太郎

〔対馬浅茅湾を中心に跋扈した倭寇の頭目である。李朝成立後、対朝鮮交易において一時、宗氏に匹敵するほどの大物として活躍。朝鮮から「万戸」という官職を受く。〕

小二殿＝少弐満貞（十一代）＝藤満貞

《コラム》

○横岳氏の塔

満貞の兄弟、頼房から横岳姓を名乗っている。

前述のように、頼房は永享6年（１４３４）1月、九州探題渋川満直と肥前神崎で戦い、満直は敗死している。横岳資貞の享禄3年（1530）の宝篋印塔が、三養基郡光浄寺にある。四十二年後元亀3年鎮貞は、少弐滅亡後大友氏に属したが、耳川の合戦での大友氏敗北後、竜造寺に降伏、家臣となっている。

同じデザインの塔で天文20年（1551）武蔵守鑑盛（蒲池氏）の名を刻んだ塔が柳川高校内（柳川城址）にある。

横岳氏と蒲池氏は交流があった。天正2年ごろには、蒲池氏より、横岳氏に対し、竜造寺勢来襲の際は、必ず助勢に馳せ向かうことを約束した古文書が遺されている。

○三角五輪塔

柳川、長命寺には【三角五輪塔】という石塔もある。もとは日吉神社近くの「最勝院」にあったという。最勝院は今は跡形もない。

最勝院という寺名は何によったか、知るすべもない。金光明最勝王経というお経があるが、それにちなんで、源氏のルーツである以仁王は最勝王と名乗り、その令旨を旗印に、頼朝は東国の武士を糾合して、東国支配権を主張し、鎌倉に幕府を形成したのであった。ちなみに、以仁王とは後白河天皇の第三皇子で、八条院の猶子でもある。

京都の東山には、院政の頃に、六勝寺の一つとして、最勝寺があった。

この三角五輪塔には、銘文はないが梵字が古式を示しており、全体の手法から、鎌倉時代から南北朝時代に造立されたものという。大分の東国東郡国見町千燈寺奥の院、佐

賀神崎の東妙寺石塔院についで、九州では三番目に見いだされた三角五輪塔という。その他の三角五輪塔、石造りの遺例としては、

奈良市伴墓東大寺墓地伝源頼朝供養塔

京都府宮津市天橋立駅前三角五輪塔

和歌山県高野山奥の院伝親鸞上人塔

岩手県遠野市字五輪三角五輪塔、などが挙げられている。

佐賀神埼の吉野ヶ里遺跡近くにある東妙寺は、蒙古襲来の祈禱のため弘安の世に建立された寺院である。幕府・朝廷の御願寺であったという。今も、西大寺末の律宗寺院である。開創記念日には、秘仏が開帳される。

本堂の右側に「壊れた木像」がある。それは、「尊氏像」とのこと。明治以降の尊王運動の中でそのような姿にされたものとの解説である。

本尊の木造釈迦如来坐像は重要文化財で、運慶一門の作と伝わっている。

「東妙寺文書」というものも所蔵されていて、約百年ぶりに保存修理がおこなわれるらしい。同文書は、後醍醐天皇の綸旨、足利義満の御教書など、九州の南北朝を物語る史料として、歴史的価値の高いものという。

柳川長命寺にある三角五輪塔は、もと日吉神社の神宮寺でもあった最勝院という寺にあったというが、今、その東側の道路から385号を北上すると、神崎の吉野ヶ里遺跡のある田手というところにこの寺（東妙寺）がある。南北朝期、尊氏が一旦九州に逃れ

攻め上っていく折に、東妙寺に自分の像を奉納して戦勝祈願をしたと伝えられている。

○慈恩寺・善福寺

「慈恩寺」という名前の寺が、柳川と大川の境目近くにある。道路から見える寺の案内版にも書かれていたが、本尊の聖観音が霊験あらたかで「大坂井のお観音さん」といわれて、信仰を集めているという。「昔、大友宗麟や、田中吉政も信仰した。」という説明板を見ると、一瞬、何！　様々な歴史の物語を背負った寺のように思われるが、『新孝三瀦郡誌』によれば、慶長14年（１６０９）の創建であるという。

寺のホームページによれば、ここの仏像は、比首竭摩（ビシュカツマ＝インドの仏師）の作で、天竺（インド）鶏足山から中国を経て日本に伝来した仏像で、鎌倉時代の逸品の由。昭和31年に県の文化財に指定され、秘仏となっている。

大川市の東部に位置する。旧地名は三瀦郡田口村大字坂井字寺前である。

江戸時代、東照大権現・各地の東照宮徳川将軍家への忠誠の証の別当寺として、寺院が併設されたという経緯があって、これらの別当寺は、寛永寺の末寺となった。このようなことをきっかけに、全国の天台宗の寺院は、延暦寺から、寛永寺の末寺へと変わっていったという。このような流れにおいて、寺の始まりを、江戸時代とするものが多い。

（『日本中世史・細川重男・日本史史料研究会』２０２２・４・30文学通信）

地元でおなじみの～歴史上の有名人も参拝、信仰した～という寺とは一体!?

慈恩寺殿、とは、南北朝期、足利直冬の法名である。尊氏の実子でありながら、直義の養子とされたが、後の「感応の擾乱」勃発など、「直義の歴史的役割、位置等、封印される定めにあった」。（『満済准后日記』森茂暁）

「尊氏と直義の二頭政治という表現は厳密には正しくない。残存文書数は、直義が圧倒的に多い。直義が実質的に尊氏の全権限を代行していた。初期の室町幕府は、直義が、実質的な最高権力者「三条殿」として幕府のほぼすべての権限を行使する体制であった。」（呉座勇一）（『初期室町幕府研究の最前線』佐藤信編）というような最近の指摘もあるようだ。

南北朝期の問題と、この寺と関係あるかどうかは一切不明である。慶長14年創建ならば、大友宗麟や田中吉政はそれ以前か、その年に亡くなっているのであるが……。

同じ名の寺は、奈良の吉野の南朝の皇居跡近くにもある。大和の慈恩寺は十五代義昭が門跡をつとめた一乗院の末院である。他にも国内に散見する。

さらには、中国西安にも慈恩寺がある。知る人ぞ知る、中国の大慈恩寺である。独特の塔が遺されていて、世界遺産となっている巨大な寺である。かなり前の記憶では、観光客も内側の木製の階段を上ることができた。牡丹の名所としても知られ、多くの漢詩が生み出されている。藤棚もあった。春には寺の南、通善坊の杏園の杏の花、夏は寺の南池の蓮の花、秋は柿がなり、紅葉に包まれていた、と伝わる。寺は良材を集めて建てられた。塔頭十数院を数え、建物の数は総数一八九七間、公度僧だけで三百人といわれる壮大雄麗な寺であった。

そのはず、建立したのは唐の興隆期、太宗の代の貞観22年（648）10月、皇太子、李治（後の高宗）が、亡き母、文徳皇后の慈恩に報ゆべく、進昌坊無漏寺（一説に、常貴寺）址に創建した寺という。

インドより帰国直後の玄奘三蔵を上座に迎えて、伽藍・教学共に、当代第一と称された。日本でも名を知られる玄奘は、十一年余に亘って仏典の漢訳事業に従事し、四十部余の経典が漢訳された。

永徽2年（651）玄奘伝来の経像の罹災・散逸を防ぐため、5層の塼塔が建造され、その南壁には、太宗御製・褚遂良筆「大唐三蔵聖教序」石碑が置かれたが、この塔が「大雁塔＝慈恩寺塔」である。玄奘に参ずる僧俗は、中インドの那提三蔵をはじめ、多くが集い、殷賑を極めた。

顕度3年（658）玄奘が西明寺に移ると、その高弟基が代わって教化に努め、法相宗を成立させ、「慈恩大師」とよばれた。玄宗の時代に義福が住し、徳宗の代にインド僧、牟尼室利《むにしつり》が止住して栄えたが、唐末頃より衰微した。

現在は、則天武后によって7層に改修され、さらに明の天順年間、清の康熙帝年間に重修された大雁塔と仏殿、及び法堂などが残るのみである。（『日本大百科全書』より）

慈恩寺殿直冬の嫡子冬氏は、「中国武衛、善福寺と称す」と系図に注記されている。

冬氏は備中国井原荘周辺に居住し、臨済宗善福寺を開基したことから、「善福寺殿」

と称されたものといわれている。井原荘は、本来は、摂関家渡領であったが、長禄2年（1458）には相国寺勝定院玉潤軒領となっている。勝定院とは、四代義持のことである。嘉吉の乱に巻き込まれたのが、この冬氏の子、義尊、義将である。

冬氏の子息つまり直冬の孫は、〔実相院の義命、下河原（東寺）義俊〕もあり、足利義教から偏諱を受けている。（『室町殿の時代』室町殿の身体護持を担う門跡寺院と護持僧）

柳川市の四丁開というところに同名の寺が今もあるが、元は、蒲池にあったという。禅宗の寺であったが、のち山門郡旭町・浄華寺の住職足利安芸守政信の孫、素竜の弟、恵明なるもの、享和3年（1803）10月転宗して今の地に移す、とある。（『旧柳川藩志』）

この慈恩寺の東方が蒲池である。

蒲池方面に広がる田園の中に、もう人々に忘れられたように立つ肥前鳥居がある。その東方にある三島神社と一体のものらしい。

十三　藤資職

『〜肥全州〈備前国〉を過ぐるに、護送資職酒を以てこれに飲ましむ。資職も又酒をこの船より取りて吾に勧む。書してこれに示す。〜』とある。

この藤資職は、前記、「宗成職」のことだろうか。海域管理上の重要な立場を見込まれ、世祖期の積極的回賜の恩恵を受けている人物とされている。が、元服が1449年とあり、この紀行文との年代に多少ずれがある。もとより本名か偽名なのか、わからないのである。

京都では
甲斐殿＝斯波氏（左衛門佐斯波義淳）の被官
狩野殿＝監護騰殿＝騰殿＝藤殿

回礼史・宋希璟は、京都でも手厚いもてなしを受けている。

『〜命右武衛支對武衛使管下甲斐殿全掌吾事以其管下狩野殿軍伴二十人守護使其家人七八丁各任其事又出私銭供食一日四時間其費一日用銭二三貫也』

「〜右武衛に命じて支対せしめ、武衛は管下の甲斐殿をして吾が事を全掌せしむ。甲斐殿は、その管下の狩野殿の軍伴二十人を以て守護しその家人七〜八丁をして各々其の事に任ぜしめ、また私銭を出して供食すること一日四時なり。其の費を問えば、一日に銭二三貫を用うるなりと。」（右武衛は左武衛か　左兵衛左斯波義淳）

『〜騰來騰醇且直向我愛而敬自初支對之事全掌日益謹慎幾無倭風與我國謹厚之人無也臨別先泣吾上下皆泣別也』

「騰来る。騰醇にして且つ直、我に向かえば愛にして敬たり。初めより、支対の事を全掌握し、日ごとに益々謹慎せり。幾んど倭風なく、我が国の謹厚の人と異なきなり。別れに臨みて先に泣く。吾が上下も皆泣きて別るるなり。」（『老松堂日本行録』村井章介交注）

一行への接待の様子が描かれている。が、明と連合して日本を征討しようとしていると疑っていた義持の態度は、宋希璟に冷たかった。『行録』によれば、少弐氏の注進状を信じていた義持は、希璟が朝鮮国王の書契を奉じたいといったが、接見を許さなかった。しかし希璟は、対馬を襲ったのは朝鮮のみであり朝鮮は日本を攻める意図は全くないと弁明したことによって、ようやく6月16日に宝幢寺で義持と会見することができた。義持に接見した時の漢詩の「題」に、

「（6月）16日宝幢寺に帰きて王に見え書契を伝うるの後天龍寺に遊ぶ」とあり、その「序」の最後に、「頃ありて王（義持・国内では御所と呼ばれていた）、宝幢寺に来る。予帰きて王を見え、書契を伝えて後出来す。時に王、僧をして言わしむ。『官人（宋希璟）諸寺を遊観せよ。』と」と書かれている。

前記、西芳寺も、遊観した寺の一つなのだろう。宝幢寺は嵯峨の壮大な禅寺で、義持によって再建され、ついに完成をみていた。その落慶供養に対する義持の力の注ぎようは並みでなく武家公家を超え随伴が強要」されたらしい。

宋希璟一行はそのような事情で、義持にすぐには拝謁できず時間を要したが、接遇チームは、別れに際して互いに涙を流すほど、おそらく朝鮮の生活習慣までをも慮って接した

のだろう。直接お世話をしたのが狩野殿＝（騰殿＝藤殿）である。〝おもてなし〟は成功したようだ。『世宗実録抄』では、「九州節度使父子、誠心迎待。」とある。

藤氏

ここで、【藤】氏を名乗っている人物がいろいろあることに注目である。

藤氏を名乗るのは、室町幕府、斯波氏の被官である甲斐氏の家来、狩野氏。当時の筑前守護の少弐満貞も。

宗金の表示も、応永23年時には、前述のように、「筑州府石城県藤氏宗金」と「藤」が入っている。「藤資職」は、不明とあるが前述のように、職務上の記述からは、「宗成職」のことかもしれない。

また、『行録』記載の外にも、島津久豊は『日隅薩三州刺使島津滕存忠』（存忠は、久豊の法名）という名乗りもある。

このように、なぜそれぞれに「藤」「滕」という字がつくのか？　宋希璟は、身辺接した人々の本名を知らなかったのか、知らされなかったのか？　なにか意図があってそう記したのかは、わからない。外国旅行中、特別の任務があったにしろ、接した人の名をいちいち通訳付きで全部聞き知るということもないのかもしれないが……。

時代を遡ってみると、

「〜応神の名が所謂通説でいう、―応神・仁徳・履中・反正の応神と紛らわしければ、騰としてもよい。〜〜（中略）武内宿祢を藤大臣としているが、藤大臣を貴国から追い出したのがこの騰である。騰は、そのまま居座っていつの間にか玉垂命になっている。〜〜神后・誉田・応神・武内・高良・玉垂・物部・藤・騰は、複雑に絡んでおり、これらを等号や、不等号で結べない。

後の藤原家の家伝が、『藤氏家伝』と呼ばれる由縁も、この「藤」の原点たる「藤原」の家系を主張するのが目的だったと考えられる。」（『百済の王統と日本の古代』）

また、奈良の平城京より古い藤原京は、「藤原氏に因んで都の名がついたわけではなく、トウバルキョウと読むのが正しい」という説もあって、その理由は、壬申の乱に至るまでの倭国の古代史が絡まって、真相はなお教科書どおりにはいかないようだ。

武内宿祢、といえば、『記紀』では、後に、「臣姓」を持つことになる氏族のルーツで、ほとんど欠史八代の天皇の子孫を始祖としているが、その天皇系譜の結節点の中心となっている。が、『高良文書』というものによれば、「武内宿祢が、藤氏を名乗り、倭国の倭の五王に至に仕えた。この名声のゆえに、「藤以て錦（王）に継ぐ」と囃されるほど藤氏は、倭国で知らぬ者のない名家であった。」（『薬師寺の向こう側』）

藤は5～6月ごろに咲く淡紫色の花の名で、言わずと知れたことであるが、「藤は、衣服と弓矢を表している」（『古事記』応神天皇条）。弓矢は、東アジア、あるいは、神話の世界では、「統治権」を表しているという。単に、美しい花のイメージだけではなさそうである。

このような、古代からの由縁は、朝鮮半島側の人々の知る記憶、意識の中では、どのように写っていたのだろうか。

朝鮮の科挙の試験を通過した希璟のような〝秀才〟はいうまでもなく、一般の人々にも、日本の支配層を表す氏として、あるいは、古来、倭国あるいは日本の姓としてよく知られた氏といえば、その国には、通りの良い「藤氏」を使ったのかもしれない。いわば、外国貿易向けの姓のようなものにもみえる。そのようないきさつがあったのか、なかったのか……？

外国貿易向けの名乗りといえば、義満が、勘合貿易に「日本国王」、と名乗って、そのいきさつが明らかにされないまま、後世の人々の顰蹙をかうことにもなっていたのだが。南朝、懐良親王（征西将軍）が、「日本国王」の名乗りは先だったようであるが……。

十四　懐良親王

南北朝期「観応の擾乱」の第二幕ともいうべきもう一つの主戦場は、九州であった。懐良親王は筑後矢部あたりで薨去したとの伝承がわずかに遺されている。全国的に南朝が壊滅していく中で、九州だけは、南朝方の天下が十年間に亘って続いた。その主要因は、九州の地においては、北朝方が尊氏派と、直冬派に分裂して戦い続けたことにある。そして、もう一つは、後醍醐天皇皇子の征西将軍宮・懐良親王が、肥後の菊池武光に擁立され、多くの武士が参集したことである。「観応の擾乱」が始まると、直冬は九州に入り、懐良親王と協調しながら、尊氏派の一色範氏と戦う。やがて、少弐頼尚の支援を得て勢力を拡大し、貞和5年（1349）には、博多を制圧し九州で猛威をふるう。直冬の勢力拡大を恐れて征伐に乗り出した尊氏が、その混乱に乗じて挙兵した直義に敗れ、その結果、直冬も正式に、鎮西将軍に任命されている。その後、「正平の一統」で、尊氏派の一色範氏と、懐良親王が、協調することで孤立した直冬は、石見（島根県）に、本拠を置くことになる。文和2年（1353）には、南朝に降り、楠木正儀とともに、京都を制圧したが、尊氏の反撃にあって、敗北し、再び石見に没落した。尊氏は、その5年後の延文3年（1358）、懐良親王追討のため、九州に向かおうとするが、直冬との闘いで受けた？　矢傷がもとで死去した。

尊氏、そして直義・直冬の関係は、南北朝・室町時代の様々な争乱に影を落としているようだ。

『老松堂……』に記された人々（藤氏など）は、いずれにしても、博多や、対馬そして、京都へ、と、同じフィールドに行き交い、この時代風に、エネルギッシュに活躍した人たちである。京都の室町幕府から、九州探題につながる博多人脈とでも言える人物たちが、見えてくる。

偽氏

朝鮮との交易については、「偽氏」の問題もある。

対馬の宗氏は、密貿易や海賊（倭寇）を取り締まる朝鮮王朝の政策を逆手にとって、日朝貿易を独占したともいわれている。対馬宗家に伝来した「三十七個のハンコ、図書・木印」が物語る。本来、日本人通行者に与えた銅印で、本人証明のために使われたというが、宗氏でない人物のものや架空の人物のものもあり、木印も十四個あるらしい。多くが図書を偽造したものという。宗氏はこれら、真偽のハンコを駆使して、貿易の権益を拡大させ、日朝関係を巧みに主導したといわれている。『海東諸国記』に記載されている朝鮮通行者は、様々な名目で朝鮮に使いを送っているが、これらはすべて「偽氏」であり、それを組織したのは、対馬当主・宗氏であるという。（『朝鮮前期朝日関係の虚像と実像』）

永享6年（1434）、対馬の宗貞盛の使者が、書契に関して、朝鮮との密約の交渉を行っている。

石塔の背景となる時代状況

14世紀から15世紀初め頃、対馬では、倭寇によるバブルともいえる景気の中、集中して造塔が行われているという。関西系のものに、現地で文字を陰刻している。地輪及び基礎部分に、「彫り出しの仕方は、大変に拙く、素人の手になるもの」という。

対馬で「建塔」に関与した個人、勢力は、多分に「海上を舞台に活躍した海の民」であったろうことが、充分に想定される。（『中世の対馬』佐伯弘次編、～石塔類から見た中世・対馬の様相～大石和久）

現地の土豪、倭寇の頭目、早田氏は、対馬島主の「宗氏」をも凌ぐ勢力を持った時期もあるらしい。さまざまな「藤氏」も、本来の役割以外に、早田氏同様な役回りもある人物たちではなかったか……。

明朝が認めていない密貿易も横行してくる。

実は、明側もある程度それを黙認していたという。禁令どおりに取り締まれば忽ち、経済が回らなくなることがわかっていたからである。もはや密貿易とはいえないほどその規模は大きくなっていった、といわれている。16世紀ごろには、このような倭寇的状況から多大な影響をうけている。戦国大名が、一国の枠内に留まらない対外活動を展開し、力を持ち始めていた。また、東アジア交流の活発な都市部や港町を拠点とする豪商（貿易商人）が急速に成長している。

十五　この板碑から見えてくるもの

◇宝篋印塔残欠に刻された「人名」
◇「嘉吉2年」という年号
◇義教が派遣した遣明船にも関わったという「宗金」をはじめとするメンバーの名とその周辺のこと
◇九州探題・幕府との関係性

等々から、「義教」に関わる供養塔なのではなかろうか、と推測する。

そうだとすれば、そのような塔が同じ九州でも、【博多ではなくて、なぜこの柳川にあるのか】という疑問も生じてくる。埋没した永享の神像の周辺の歴史があったのか、なかったのか……。

天潤庵の僧の一人が、筑後出身という記事も今のところ、どういう関わりがあったかは、不明である。

当時の有明海沿岸は、今より、博多をはじめ、周辺の津（港湾）と海運を通じてつながっていたのだろうか…。

年代は少し下るが、有明海の水上交通の拠点だった、肥前国竹崎（現佐賀県太良町）の観世音寺平井坊の「竹崎山記録」によると、蒲池兵部大輔忠久は、平井坊に対し、天文2年（1533）に、蒲船津（現柳川市三橋町）の実済院（現在、〈実相院一誉円入居士〉と刻まれた、江戸時代年号の石柱はあるが文字が違う）及び、木室庄（現大川市）内の阿弥陀堂との「御入魂」を頼んでいる。

江戸時代、この竹崎の観音堂の柱の一つは、鷹尾村が修理をしたという話もあり、筑後と竹崎との有明海を通じた密接な関係が見えてくる。中国の明代の書物には、筑後国の港津として、「瀬高（瀬多加）」「榎津」が見えているというが、この榎津には戦国期、蒲池氏の所領もあり、竜造寺攻めの際には、大友側の拠点となっていた。下蒲池家との関係の深い津だったのではないか。有明海の交通は、現在想像するよりより様々に盛んだったようである。

博多湾岸から、有明海沿岸へと、交易の拠点が移った時期もあるようだ。

大牟田には、「唐船町」という地名もある。堂面川の河口で、有明海に臨む地であり、港としての立地条件に恵まれた場所で、中国船の寄港地であったと推測されている。

そもそも、この石塔のある地域に室町時代、関連と思われる痕跡がわずかに遺されているようにみえるのはなぜなのか。

足利荘というのが八条院領であった。足利氏はその下司（荘官）でもあった。瀬高荘も、伝領の経緯は異なるが、八条院領となっていた時期もある。安元2年（1176）ごろには、一〇〇カ荘に及ぶ皇室領荘園群である。本家職は、八条院暲子（鳥羽天皇の第三皇女）。以仁王を猶子とし、またその子女を養育した。のち、亀山上皇を経て大覚寺統の経済的基盤となっている。

鎌倉期に、瀬高上庄は妙法院領となり、一時延暦寺の造講堂領所ともなっている。後醍醐天皇（大覚寺統）の皇子、尊澄法親王（宗良親王）が正中2年（1325）妙法院門跡を継承している。南北朝期には、九州探題一色氏の知行所ともなっている。そのような経過をたどっていくと、尊氏が鎌倉末期、北条氏から離れて後醍醐天皇に付いた経過にも、浮上してくる関係がありそうである。

十六　もう一人の人物

ここに至って、「もしかしたら供養されたのはこの人？」と思われるもう一人の人物も浮上する。

岡山県の常念寺に、義政の宝篋印塔がある。という。井原市の常念寺ならば、義政のものではない可能性もあるだろう。

柳川市の塔は、もしかしたら、嘉吉の乱を起こした赤松に、乱の後担がれた備中井原の「御所（と称された人物）」を供養したものかも？ という、かすかな疑いも生じる。

寺の石塔、説明看板

大牟田市の定林寺に、延徳元年（１４８９）を刻した石碑に、「前総州太守鑑翁融圓大禅定門（初代）」「前総州太守境雲融仙大禅定門（十五代）前野州太守月翁融光大禅定門（十二代）」などと書かれた、塔の説明看板が以前あった。看板の解説は、「三池氏」とのことであったが……総州は、島津の分家でもある。島津貞久の母は、三池木工介入道道昭、とあるが……。総州とは赤松義村、野州・・とは細川高国のことかもしれない。
延徳元年といえば、足利義稙政権の直前の年号である。この人たち、あるいは関係者が、この地にやってきて何らかの政治的工作をしたのか、全然関係ないことなのかはわからないが……。赤松は一貫して、細川与党という説がある。
総州……は、赤松の名乗りでもあったこと。元、柳川市三橋町にあったという重要文化財の「金銅製曼荼羅」が、家康の所持を経て、総州の徳満寺に所蔵されるに至っていた……、ということについて、
地元の人もびっくりのこのような曼荼羅が存在していたことも謎であるが、それが、何

のゆかりがあったか、現代に至るまで、全く関係なさそうな総州、今の茨木県北相馬郡利根町布川の府川城本丸址にある徳満寺という寺にあった、ということも謎である（現在は、国立博物館に所蔵されている）。

赤松氏は、乱の後、南朝に奪われた三種の神器を取り返した。〝その折の褒美に、徳満という人の加賀の所領を所望した。〟という話がある。その徳満という〝名が同じ寺〟は、いつの頃からかはわからないが、総州にある。

赤松は総州……褒美にもらった加賀の所領は、いわば、赤松再興のはじまりともとれる所領のようであり、徳満という人の名をとった寺としたのかもしれない。

現在の徳満寺の寺紋は九曜星のようである。江戸時代の大名として生き残った細川家の紋である。赤松と、細川は前述のように、関係深いのである。

曼荼羅の国立博物館に移蔵される前の持ち主である徳満寺を通じて、柳川三橋とも関係があり、近くの大牟田の定林寺の「総州……」という以前の文字看板にかかわっているのかも……と、かなり荒っぽい推測である。

南北朝の頃には、赤松円心は楠正成と共に挙兵している。子の則祐は、後醍醐天皇の子、大塔宮護良親王の従者だった。赤松宮と北畠親房の関係もある。（『南朝の真実』）南北朝期の、「敵の敵は味方」（南朝と直義派の合体）という論理によれば、案外、この地と赤松氏に何か由縁があったのかもしれない。

赤松氏の名誉回復

嘉吉の乱という謀反を起こした赤松氏であるが、どのようにして三種の神器を取り戻し、名誉回復がなされたのか。

多くの牢人を生んだのは、義教の独裁政治であった。

赤松氏など、没落大名の家臣や、斯波・畠山氏などの内紛で、当主の交替した家の家臣から、牢人が多く生まれたといわれている。彼らの中には、主家の再興や当主の復活を幕府に働きかけるために京都に集まるものがあった。また、時宗の徒や、隠者に姿を変えて文化活動に従ったものもあり、当時、京都に多くみられる好事家と呼ばれる人々のなかにも、かれらが含まれていたといわれている。

赤松家の赤松牢人の石見太郎左衛門尉のように、身につけた教養をもとに堂々と、公家の三条氏・歌壇の雄、飛鳥井雅親や、奉公衆の宇賀野春公らとも親交を結び、それらの縁によって、義政から条件付きであるが、主家再興の約束を取り付けた人物がいる。

その条件というのが、〈嘉吉３年（１４４３）に南朝の遺臣が内裏を襲撃して吉野山中に持ち去った神璽を奪回すること〉であったが、同、赤松牢人の間島・上月氏らが、長禄

2年（1458）ついに、これを実行して、神璽奪回が成功し、赤松氏は再興された。

十二代将軍義晴は父義澄が後継者を定めず三十二歳で没し、播磨の守護赤松義村のもとで十年四か月もの間養育されている。赤松の義母めしは、細川勝元の娘という。十一歳の亀王丸のちの義晴が、十二代将軍となるべく播磨から三万人の供勢を引き連れ入京した時、亀王丸を二条あたりまで見物に行った公家の鷲尾隆康の日記には、「御容顔美麗也」。

見物人の老若男女で溢れかえった。播磨の赤松家で、見目麗しく育てられた義晴は、細川高国に支えられ、近衛尚通の女、のちの慶松院を娶る。将軍在位は二十五年、十三代義輝、十五代の義昭が誕生している。

有馬氏

赤松則裕の子義祐が「有馬」姓を名乗っている。『乱』の折、「狂乱のうわさのあった満祐は、奉行人冨田氏の宿所から、輿に乗って落ち延びた。満祐の弟義雅と則繁は自らの宿所に放火した。そのほかの一族、被官人らも、宿所に放火して逐電した。ただし、一族の中でも義教に近かった赤松満政、貞村は野心がなく惣領家に従わなかった。それは、満祐の叔父にあたる有馬義祐も同じだった。江戸時代の久留米藩主の祖先が有馬義祐である」（『戦乱と政変の室町時代』）

第二章　「藤」の文字がある寛正2年銘板碑

『柳河明證図會』西原一甫著（江戸時代、墨書）にも掲載されている。

現世安穏

後生善處

一字一石之功

利益無遍也

寛正二辛　八月十一日　藤貞有　敬

己　　　　　　　　　　　白

寛正2年（１４６１）に藤貞有により造立された板碑で、「一字一石経塚の地上標識の経碑として造立されている。」「移動していて、地下の遺構を伴う遺品ではない。」この板碑も、最勝院近くにあったものであるとされている。

『柳河明證図會』によると、右側に〝現世安穏〟と、一行の銘文が当初あったことがわかる。「『法華経の薬草品に出る〝現世安穏〟〝後世善処〟』の偈頌が刻されていたことが明らかである。」「梵字の〝サ〟は、勢至菩薩のことである。同菩薩を板碑の主尊としてあらわすものは、全体に少なく、これも、重要な遺例である。」との指摘がある。『現世安穏』の一行がなぜ欠如しているのかは、不明である。

『柳河明證図會』には、この碑を図示し、その上部に、「年号寛正なり藤貞有いまだ考えず」とある。

藤貞有という人名

寛正2年の板碑には、「藤貞有」という人名が刻されている。【藤】がある。例によって、この「藤氏」も本名の「氏」がある人かもしれない。

日本仏教には、『法華経薬草喩品』に言う「現世安穏・後生善処」という思想が、本来あったという。これは宗教的な意味で現世安穏を意味するものだったが、やがて南北朝期から、室町時代になると、世俗の意味の強い現世安穏、つまり、現世利益の志向が全面に押し出されてくるという。

藤貞有という人が供養塔を造立した理由を考えてみると、前述のように、宗教的な意味、本来の意味として受け止めるのだろうが、当時の世相など背景を考えてみれば、世俗の意味も重ねて理解するもののようである。

寛正2年は、「応仁の乱」が起こる六年前である。前年の寛正元年には、（応仁の乱の重要な登場人物）畠山義就が、義政の勘気に触れ、政長が後継ぎしている。その前年の長禄3年には、義政の乳母、今参局が失脚し自害。

さらには、（狩野＝藤氏）の主家筋にあたる甲斐常治とさらにその主家で幕府ナンバー2ともいえる斯波義敏が敗北。翌年には勝者甲斐が死亡する。いきさつを垣間見ると、正長元年（1428）8月6日、尾張遠江守護斯波義淳が帰国しようとし、老臣甲斐常治らが、このことを諫止する。将軍になったばかりの足利義宣（義教）は、常治を賞する。（『満済准后日記』）という伏線もあるような下剋上である。

「斯波、甲斐、渋川の相関関係も、応仁の乱の一つの原因」とある。（『室町幕府の地方支配と地域権力』。）

寛正2年には、中世最大の飢饉といわれる「寛正の大飢饉」が起きていた。15世紀半ば、日本各地で起きたと言われる大規模な飢饉である。長禄3年（1459）～寛正元年（1460）の2年に及ぶ異常気象（旱魃・大雨により、飢饉、水害が交互に発生、台風もあり、）いなごの虫害、疾病も加わり、飢饉が全国に拡大した。

寛正2年は、前年の異常気象などにより、未曽有の不作となる。京都では餓死者が続出、没落して地方から上京して、「非人乞食」とよばれる人であふれたという。

長禄３年（１４５９）、旧暦8月の台風では、賀茂川が氾濫、家屋流出、四条大橋から、賀茂川を眺めると、死体によって、川がせき止められ、死臭が一帯に充満するという、まるで地獄絵図の災害が起きた。願阿弥という人が救済に乗り出し、勧進による供養を申し入れた。義政はこれを許可し、１００貫文（約1千万円）を勧進した。その理由というのが、亡父・義教が夢枕に立って、「乞食や餓死者が出ることを防ぐため、施術をしてほしい。」と。自らの生前の罪を、悔恨の念で語ったというのである。

願阿弥の積極的な取り組みにもかかわらず、事態は好転しなかった。四条・四条河原施餓鬼供養は、幕命を受けた五山僧によって行われた。

同年4月24日大雨で、放置された死者や死骸は一気に流された。

悪夢のような自然災害の影響は、今でも一朝一夕に解決できない状況が続くのである。15世紀は、広く北半球全体が異常気象におそわれ、飢饉と戦争の世紀という時代背景もあるといわれている。

この藤氏にとって、また当時の人々にとって、現実の災いであり、遠い都のことであれ、どうにか供養をせずにはいられない状況である。偈頌「現世安穏」は、切実な現世の願いであっただろう。

この人物名の「藤」から推測すれば、例によって対馬あたりの貿易に携わっている気配もある。「藤貞有」の「貞」は、宗氏の通字であり、少弐氏にもある。さらには、大友氏族親にもある。刻まれた梵字は、勢至菩薩をあらわしている。地福寺の阿弥陀三尊にも、勢至菩薩がある。

第三章　天文6年の逆修碑

「　天文六年
□我対馬守大蔵朝臣久貞の逆修碑」
この板碑は、もと柳川山神護寺最勝院近く、さらに詳しく薬王院付近（現在の柳川市本城町、日吉神社境内にあった天台宗の寺院）と記されている。天文６年（１５３７）□我対馬守大蔵朝臣久貞が、喜存妙慶大姉と明屋道了上座の二人の逆修のために造立したものである。『柳河明證圖會』によると、

「薬王寺の東隅角にあり、永正の頃、久我家の公族九州に下り、大友家の旗下に属しているなん、今肥後隈本に仕えて…．略。永正七庚午年三月七日、豊後国侍着到、次第不同、久我殿、小笠原入道殿、宮内少輔殿、常陸入道殿、八郎殿、下略、右有書を証とす。対馬守久貞の事、いまだ考えず。」と久貞について考証している。

「『旧柳川藩志』には〝□我〟を〝久我〟としている」と、（『九州の石塔』）に記されている。〝久我〟ではない可能性もあるということだろうか。

前記、対馬の造塔では、〝文字の掘り出しの仕方は、大変に拙く、素人の手になるも

の〟ということ等も念頭において推測すれば、文字自体の彫り出す過程にも留意、である。

一　浮かびあがる文字

一文字?

〝□〟と〝我〟は合わせて一文字の「藤」ではないか……。

つまり〝□我〟の□は、〝久〟と認識するのではなく、花・草などの部首の〝草カンムリ〟の崩し字。

〝我〟と認識されている文字は、草冠以下の〝滕〟部分を続字で書けば、「我」のような字体となることもあり、〝上下に合わせて一文字〟つまり、〝□+我=藤〟、「藤」を大きく長く続け字、荒っぽく行書風にくずしたものではないか……!?（彫り出しの仕方は、大変に荒く、素人の手になるもの……）ということもある。

「対馬守」が、地名どおりであるとすれば、前記二つの石塔と対馬をめぐって関係がありそうである。

対馬島主の宗氏、筑前守護だった少弐氏の通字「貞」もある。但し、久我氏、少弐氏、宗氏、大友氏、いずれも「大蔵朝臣」ではない。

大蔵朝臣

大蔵朝臣は、九州北部に多いといわれている。田尻氏、高橋氏、原田氏等々、の系譜である。

藤原純友の乱に勲功があった大蔵春実の子孫で、以降、代々太宰府府官で、大蔵党一族として繁栄した、とある。田尻系図等によれば、大蔵春実の孫の実種が田尻又三郎と名乗ったのがはじまりという。元寇の時は、田尻種重・種光が出陣して討死。鎌倉時代から、筑後国山門郡高田町田尻地区一帯を本拠とする国人領主である。三池郡北部と山門郡南部に知行地を領している。伯耆守鑑種の代に（天文17年〈1548〉）矢部川下流域右岸の大和町鷹尾に鷹尾城を築いて居城とした。そして、矢部川河口の鷹尾津を中心に奥有明の海上権の一部を掌握している。

朝鮮の役では、鑑種・又三郎父子は死去した。鍋島直茂は、次男春種を取り立てて田尻氏を継がせたという。

後漢の霊帝

「ルーツは、【後漢の霊帝】である。」

えーっ、うそー！　単なる伝説でしょ！

歴史の講演会などではじめてそれを聞いた時の聴衆の反応！　空気、である。ところが、まことしやか、系図にもそう書かれているのである。（周防の大内氏も似たような？　もので、百済の聖明王の子・琳聖太子にルーツがあるという。）

本当だろうか！（田尻氏の祖が、そう名乗っていたならば、そうかもネ…?!）

「朝臣」とは、姓（かばね）の一種で敬愛の意を示すアソに朝廷の臣下を意味する漢語「朝臣」をあてたもの。天武13年（684）制定された八色姓（やくさのかばね）の第2位。主として、景行天皇以前の、諸天皇の後裔と称する疎遠な皇別氏が多い。最上級の官人を出す母体であった。平安時代以後、皇子・皇孫に与えられた。というふうに、知られている。

渡来系氏族の氏の名に、大蔵、内蔵を冠するものがある。蘇我満智宿禰に国庫である三蔵（斎蔵・内蔵・大蔵）を検校せしめ、秦氏をして出納を管理させ、東西の文氏に帳簿を記録させた。漢氏に姓を下賜し、内蔵・大蔵とした。つまりその職名を氏の名にしている。

斉明天皇と高向玄理

これらのことから、ルーツの周辺の事情を念頭に浮かび上がったのは、いきなりであるが、九州「朝倉宮」（福岡県朝倉市）へ行幸、滞在されたという「斉明天皇」である。

皇極・斉明天皇の、〝初婚の相手〟は、用明天皇の孫とされる「高向王」あるいは、「高向玄理」と言われている。両者は、同一人物という説がある。

高向玄理は、654年没。（魏の文帝の末裔）を称する渡来系氏族である。『新撰姓氏録・右京諸蕃』一説では、東漢氏の一族とされている。

遣隋使・小野妹子に同行する留学生として、聖徳太子が選んだと伝えられており、推古16年（６０８）に、南淵請安や、旻らと共に隋に留学する。

留学中、推古26年（６１８）に隋は滅亡し、唐が建国されている。

舒明天皇12年（６４０）、留学を終えて帰国し、官位一級を与えられた。大化の改新後、旻と共に国博士に任じられている。大化２年（６４６）遣新羅使を歴任し、翌年、新羅皇子の金春秋（後の武烈王）を伴って帰国した。白雉５年（６５４）遣唐使の押使として、唐に赴いた。長安に至って三代皇帝【高宗】に謁見するものの、病気になり、客死した。

（『古代中世人物事典』）

二　斉明のナゾ

中国の古代

魏の文帝（曹丕）は、後漢最後の皇帝となった献帝から禅譲を受け、皇帝となった。

献帝の父が【霊帝】である。献帝の姉妹＝霊帝の娘と、魏の太祖（曹操＝曹丕の父）と婚姻関係がある。前皇帝の娘を娶って政権の正統性を示した、という戦略のようである。

（漢の皇帝が帝位を譲った地、「受禅台遺跡」というのが、中国河南省漯河市臨穎県繁城鎮にあるらしい。）

田尻氏の「【後漢の霊帝の末裔】」という説と、高向玄理が、【魏の文帝の末裔】というルーツとは、繋がり、重なり合う。しかも、高向玄理は、斉明の初婚の相手であるならば、その子孫が「朝臣」の称号を受けているのは、順当なことである。

地元の田尻氏系図では、「高貴王」ともある。

後漢最後の献帝（霊帝の子）の子孫、阿智王（阿智使主）の子孫に阿多倍（高貴王）がいた。阿多倍は、初めて日本に渡来し、准大臣に任ぜられた。敏達天皇の孫茅渟王の娘を妻にし、……。（Wikipedia）

高向王と一字違いではあるが、同一人物のようである。

平安時代中期の貴族・武人である大蔵春実は、文字どおり「大蔵朝臣」であり、「対馬守」を名乗っている。後裔は、田尻氏はじめ、原田・秋月・江上・小金丸・三原・高橋・日田・大倉・小山田等を称して九州北部に広がりがあるようだ。

斉明天皇は、系譜上、第三十五代皇極天皇であり、退位後重祚して第三十七代斉明天皇となられた天皇である。宝《たから》皇女・天豊財《あめとよたから》重《いかし》日《ひ》足《たらし》姫と称している。

押坂彦人大兄《おしさかひこひとのおおえの》皇子の孫で、父は茅渟王。母は、吉備姫王《きびつひめのおおきみ》である。

女帝の謎

この女帝の周辺は謎に満ちている。系図を探っていくと、（単なる偶然と思いたい）意外な歴史、驚くべき事項に遭遇してしまった。


父の茅渟王とは、押坂彦人大兄皇子の子。

母は、漢王の妹、大俣女王。舒明天皇とは、腹違いの兄弟となっている。

舒明の母は、糠手姫皇女（嶋皇祖母命・田村皇女・宝王＝敏達天皇の子）

妃は、桜井皇子（＝欽明天皇の子）の女吉備姫王（【吉備島皇祖母命】）。

子が、宝女王（皇極・斉明天皇）と、軽王（孝徳天皇）、間人王女である。

押坂彦人大兄皇子は、別名（麻呂皇子・太子彦人皇子・押坂日子人太子・【皇祖大兄】）

推古朝期に（皇太子の地位を失い、行方不明）とある。

あるいは、（対立する蘇我系王族が台頭したため、以後の資料には、活動は一切みえない。）とある。

墓は、〔成相墓〕ならいのはか、大和国廣瀬郡（『延喜式』諸陵寮）その兆域は、東西一五町・南北二〇町守戸五咽であった。日本最大の大仙陵古墳の10倍以上の広さがあったことになる、という説もある。


推古天皇の三十六年間に及ぶ長期政権のあとは、順当な継承者がいなかったらしく、敏達の長子であった押坂彦人大兄皇子の遺児、舒明の即位となった。斉明の二度目の夫である。

古事記の皇統譜は、舒明で終わっている。

中国ドラマ【茅渟《チヌ》王】

「チヌ」という名前は、唐の三代目・高宗（在位649~683）も、幼名「チヌ」という。そのチヌ（高宗）と則武天（則天武后）の会話に【タカラ】という公主??の名が一瞬、発せられた。

『チヌ、タカラ……どこかで見たか、聞いたことがある！』

一瞬の映像に、「えッ!!」

「タカラ」！　古代史に〝タカラ〟とか〝カガミ〟とかいう名があったのでは……！

試しに日本の系図を見ると、丁度、その年代の頃、タカラ（＝宝王女＝斉明天皇）があり、その父は、なんと！【茅渟王】！

チヌは、唐の太宗の九男で、長幼からいえば、皇位の継承順位には遠く、幼少期には、「チヌ、チヌ」と呼ばれて大事に、可愛がられていた。そのチヌが、皇位に就いた。やがて、父である太宗（李世民）の後宮に仕えていた、のちに則天武后となる女性を皇后とするようになる。唐の三代目皇帝の「高宗」である。

前述、皇太子時代に、中国西安の慈恩寺を建立した皇帝である。

母は、唐の名臣として名高い鮮卑の拓跋を出自にもつ長孫無忌の妹の長孫皇后であるため、兄たちの数あるなかで、二十二歳で即位している。在位中は、６６３年の白村江の戦い、６６６年泰山封禅の儀、そして高句麗遠征他、唐最大の版図を獲得した等々の概ね華々しい事跡がみえる。が、その政治においては、父の太宗の「貞観の治」として、後世に讃えられるような政治力は勿論、主導権も発揮することなく、最初は外戚の長孫無忌に、その後は皇后の武則天に実権を握られていたという、唐の三代目の皇帝である。

三十三歳で〔発病〕ともあり、のち則天武后・武氏が天下（６９０～７０５）を統べる。その間、国名まで「周」としている。

チヌは、「三十三歳以降は病気」とあるが、「実権奪回の模索も成功ならず」と記すものもある。どこにいたのだろうか？

諡号（死後にその人の業跡によって贈る名の意味）は、【天皇大聖大弘孝皇帝】。

道教によるものとの説があるが、先代、先々代の皇帝の諡号には「天皇」という文字はない。則天武后が出自を飾るため、天皇・天后という称号をつけたことがある、という説もあるようだが、なにか意味深長な……。

高向玄理は、唐で高宗に会見した後に客死している。

日本の皇位継承事情

当時の日本の皇位承継の事情、も簡単ではない。斉明の父である茅渟王の父、つまり斉明の祖父・押坂彦人大兄皇子に【皇祖大兄】、母・漢王の妹に【吉備島皇祖母命】、茅渟王の両親に「皇祖」の文字が入っている（斉明自身にものちに、「皇祖母命」とするものもあるが）。この系統は、【唐の高宗の系譜が挿入されたのでは……】と。もしかしたら、古代史・日本書紀の「高御皇産霊神」の高は、高宗の高かも……？（高御産巣日神『書紀』では、高天原から、葦原中国に神などをおろす神として主に記述され、『古事記』では、天孫ニニギの外祖父にあたる。）

斉明は、系図上、第三十代敏達天皇の孫の茅渟王の娘（宝王女）、とされている。舒明天皇の皇后でもあり、「皇極・斉明」と、二度践祚した女帝としても知られている。

血筋からみれば、天皇の子（内親王）ではない。父は、敏達の孫、母は欽明の孫となっていて、もっと皇統に近い人が存在していたとしてもおかしくない。

舒明天皇には、敏達・推古両天皇の皇女である田眼皇女も、妃にいたにも関わらず、欽明・敏達天皇の皇曽孫にすぎず、かつ一度、婚姻経験のある皇極天皇が皇后になったのを疑問として、天智天皇の生母として後世に皇后としての地位を付与した、とする説（河内祥輔）などもある……。

661年、斉明の朝倉行幸とある。前年百済は新羅と唐に敗北、滅亡しその復興のため救援を求めてきた。斉明は中華思想の示威行動を行った気配があるようだが、唐ではなく百済救援のための朝倉行幸というのである。

道中率いる船団の中で大田姫皇子が大伯皇女（大津皇子の姉）を生んだという。後世でいえば、（大元帥陛下の軍艦に臨月の皇女を乗せた）というのは当時のこと、何かのまじないでもあろうか?!　あるいは……。

女帝ながら、大掛かりな土木工事を好んだと言われているが、工事に駈り出された人々の労苦に、渠は、後世に狂心の渠と揶揄された。多武峰の両槻宮も造った。出雲国造に厳の神の宮を造らせた。なぜか石造物も多く遺している。

皇極元年の夏には旱が続き、様々な雨乞いの習俗も効果がなかった。蘇我蝦夷は、百済大寺の南庭で、仏菩薩像、四天王像を安置して、大雲経を読ませた。蝦夷も香炉をとって焼香して発願したが、微雨のみで、効果がなかった。ところが、天皇が、飛鳥川の上流南淵の河上で四方を拝み、天に祈ると、雷が鳴って大雨が降りだし、雨は五日間続いたと伝わる。この雨ごいの神事では、いわば強烈な巫女的権能を発揮して、大成功をおさめ、「至徳天皇」と讃えられた。さすが女帝か、とかなりの力業も発揮した斉明は、当時の島国日本（倭）で養育された女性だったのだろうか？

朝倉の怪奇

朝倉での斉明崩御の前後の怪奇現象も文字どおり奇妙な話である。

その奇妙な話とは……、朝倉橘広庭宮に遷った折、朝倉社の木を切り払って宮殿を造営したため、神が怒って御殿が破壊された。宮中には、「鬼火」が出現、大舎人や諸々の近侍が病に倒れ、そのまま死んでしまう者が多かった……。と記されている。

天皇（大王）が神社の木を切って御殿をつくるのに、なぜ朝倉社の神は、拒絶反応を示したのだろうか？

さらにショッキングな、よく知られている話は、斉明崩御の翌月、遺体を飛鳥磐瀬宮へ移す折、「是又於朝倉山有鬼、着大笠臨喪儀　衆皆嵯怪」つまり、ご遺体を運ぶ日の夕刻、《朝倉山の山頂に、大笠を着た鬼が現れ、葬列を見下ろしていた》……云々である。

『日本書紀』でも、天皇にこのような怪奇現象がふりかかるというのは、ありえない、異例であるといわれている。

鬼は、『日本書紀』では、「誅されるべき運命にあったものに対して結果論的に〈鬼〉字を当てたことは、日本に定着せしめられつつあった初期的な鬼の概念をものがたるものである」という説もあり、「天つ神に対して、地上の悪神、邪神」という『広辞苑』の一つの意味もある。このことは、皇室の尊神が天つ神なら、それに対する地上の悪神、邪神が国つ神で、出雲系の神々などが鬼なのか。この朝倉の鬼も、大善寺の鬼（天狗）も、そうなのかもしれない。

その昔、ヤマト王権に最後まで抵抗した羽白熊鷲という人物の本拠地と推定される地域が、この朝倉のあたり（筑前国夜須郡）とも言われる。熊鷲は、仲哀天皇（足仲彦尊・神功皇后の夫）の軍に一時勝利したこともあったらしい。足仲彦（仲哀天皇）の墓（御勢大霊石神社＝筑後国四式内社の一つ）が、近くの小郡にある。於保奈牟智《オオナムチ》神社（現・福岡県朝倉郡筑前町の大己貴《オオナムチ》神社）の祭神は、出雲の大国主命（大己貴命・大国主神）となっている。ここは、もともと、「三輪」と言われた地域で、周辺には、「三輪」以外にも、奈良盆地と同じ地名が分布しているという説がある。

朝倉山は、本来、この大己貴（＝於保奈牟智）神（大国主命の名前の一つ）の領域だったと仮定してみれば、神代からは時代が隔たっているのにも関わらず、斉明が朝倉に宮殿を造ることに協力的ではなかった分子もあったのではないか。ましてや、斉明が、仮に、天つ神でも国つ神の子孫でもなかったとすれば、葬列を見下ろしていた大笠をかぶった鬼は、大己貴命の鬼だったとばかりは言えないのかもしれない。

三　白村江を戦って

白村江

天皇によって編成された百済救援軍が、白村江の戦いで、唐・新羅の連合軍に大敗するという出来事があって、その防衛のために太宰府に水城を建設するという、これも有名な話であるが、その事に止まらない〝異変〟が招かれていた……のかもしれない。

もしも、斉明が本当に、唐のチヌ（高宗）の娘であったのかどうか。

斉明の初婚の相手といわれる高向玄理は、608年に小野妹子とともに入隋し、南淵請安とともに、640年に帰国しているという。その間の32年間は、日本にいない。斉明の初婚の相手は、唐国にいたことになる。

斉明が茅渟の娘で、その間唐国にいたとすれば、その可能性はないともいえないかもしれない。但し、後の夫君とされる舒明天皇の在位は、629年～641年。626年に中大兄皇子（天智天皇）が生まれている。前夫（とされる）の帰国から一年余り後に舒明は亡くなっていることになる。その間に皇極・斉明の結婚の事情を当てはめて、ピッタリ収まるケースを見出すのは、かなりむずかしい。但し、斉明の子とされる天智天皇・天武天皇は、父は舒明天皇とされているので、別に、皇統に異変はないようになっている。

645年、乙巳の変（大化の改新）である。同年高向玄理は、国政の顧問として活躍していたが、翌年、新羅に派遣され、太子のちの名君の誉高い武烈王（金春秋）を連れて帰国したとされている。白村江の戦いは、武烈王の没後になるようであるが、唐と連合した新羅の大将軍、金庾信は、五万の大軍をもって、百済の扶余を攻略して滅ぼした。この金庾信は、金春秋の第三女を娶り、庾信の妹は春秋に嫁しており、両者の関係は深い。その頃も情勢は刻々と変わっていたかもしれないが、単純にそのような状況からみると、唐・新羅に本当に敵対したとも、そうではないとも受け取れるが、百済の救援にまわったというのだから、敗戦に間違いはないだろう。
その結果、倭国は、唐の占領下（６６４～６７２）に入ったという耳を疑うような説もあるようで、それを全く無下にはできないような状況になっていたのかもしれない。

戦後処理

６６１年に斉明はすでに亡くなっている。唐・新羅の連合軍の戦後処理は、連合国同士でも新たな対立が生じる。
唐は漢からの故地を回復したというわけで、北方の平壌には、安東都督府なるものを設け、中部の扶余には、熊津都督府を設けて朝鮮の支配にのりだした。その後、新羅は唐帝国と対立、百済の故地・扶余に兵を進めて、これを奪回している。「百済から追い出されて唐は、さらに、大軍を送って新羅の征服をはかったが、大打撃を受けて敗走し、ついに６７６年平壌の安東都督府を遼東に移さざるをえなかった。」（『朝鮮』金達寿）
太宰府に「都督府跡」という石碑もよく知られている。後世になって、当地の大庄屋が立てたとの説もあるが、「熊津都督府」等の例もあり、唐の制度でもあるようである。本当にあったならば、昔の教科書で、皆が知っている歴史とは、少し違った様相を帯びてくるのではないだろうか。

古代史において、「倭は、呉の太伯の後」とうたうものもある。この呉は、春秋戦国時代の呉で、周王室の流れとなる。

唐の高宗（茅渟）に代わって皇位についた則天武后は、国名を「周」としている（没後、又、唐となっている）。

「7世紀の東アジアで、倭国が国号を日本としたのは、則天武后の承認があった。」という説もあるようだ。（『古代日中関係史』）

このようなことがもし事実ならば、日本の古代史に記録がなくても、中国の古代史、それも、唐の歴史書になぜ一行の記載もないのだろうか、と、いう疑問である。

実は、「日本は、唐の羈縻《きび》支配（武力を使わない有力者を懐柔し、自治を許しての関節統治）を受けた」という説があった。聞きなれない言葉である。

唐からは、郭務悰や、劉徳高が訪れ、羈縻支配のための都督府を設けるため、拠点として、朝鮮式山城を築き、その資材や労働力を調達するため、律令的税制の導入を図った。こうした唐の羈縻支配に対応するために天智朝は苦慮していたのが実情であった。この対唐政策の始まりというのは、敗戦処理としての唐・新羅との条約調印にあった。それは、天智4年（665）に旧百済熊津の就利山で行われたという。

『資治通鑑』巻二〇一・麟徳2年（665）8月条に、
「八月壬子に、熊津城にて同盟せしむ。劉仁軌、新羅・百済・耽羅・倭国の使者を以て桴海西還せしめ、泰山に会祀せしむ。高麗もまた太子福男を遣し来たり侍祀す。」
とあり、唐の将軍劉仁軌が、戦争の処理として、新羅・百済・耽羅・倭国の四か国に、戦後についての条約を調印させ、そのまま、唐皇帝高宗の泰山封禅の儀式に四か国の使者を参加させている。この時の使者は、各国の「酋長」とされている。高句麗の場合のように、王子が出席する必要があった。日本では、天智は国内の対唐対策に忙殺され、出席できる状況ではなかった。大友皇子が代理として参加した可能性は高いという。大友は、その任を果たすことができたのか？『懐風藻』の記事で、唐の劉徳高から、「実にこの国の分に非ず」と複雑な褒め方をされている。

同書に詩二篇をとどめ、その伝には、「博学多通、文武の材幹あり。沙宅紹明らの亡命百済人を賓客としたという。

大友は、敗戦処理の条約調印を無事果たし、史上初の太政大臣に任じられ、次期大王としての実績を積む。大友皇子は、天智大王の第一皇子だった。その大友が、天智崩御後に即位することに問題はなかっただろう。母は、伊賀采女宅子娘。672年いわゆる壬申の乱で、蜂起した叔父大海人皇子（後の天武天皇）と瀬田川の決戦に敗れ二十五歳で亡くなった。妃に天武天皇の皇女十市皇女があり、葛野王を生んだ。

天智の崩御が天智10年（671）12月乙丑（3日）、天武の即位が天武2年（673）癸未（27日）この間一年三か月間の近江朝廷について、大王は誰が推戴されていたのか。大友皇子が即位していたか否かについて、『日本書紀』に記されていないので、様々な議論があったが、明治3年（1870）7月、明治天皇は、この皇子に弘文天皇と追諡した。」（『古代史研究の最前線・大友皇子の即位と壬申の乱』）

大和朝廷

壬申の乱で、勝利した天武はそれから一と月を待たず、大和飛鳥に入った。ここにはじめて大和朝廷は、開朝をみたという説もある。

「新しい朝廷は、先朝の継承ではなく、まさにそれと断絶した新朝廷の樹立だったのである。」（『飛鳥』門脇禎二）

「日本書紀」で、皇位継承争いとする壬申の乱は、実に様々な側面があるようだ。

「白村江の敗戦後、唐の九州占領で、瓦解した倭国を、畿内大和で再興した。それは、畿内における九州王朝、倭国の再興に他ならない。我々は、この意味を、『日本書紀』の皇位継承争いとする造作のうちに全く見失っている。それは、かつての倭の五王や、多利思北孤を輩出した倭国王統（筑紫王朝）の衣鉢を東宮大皇弟（天武）が、引き継いでいたことによる。

しかし、この672年の天武による畿内における大和朝廷の創出は、その崩御直後の686年の大津皇子の変で、たちまち頓挫、変質する。

というのは、それは、持統のもとに結集した近江朝残臣と、蘇我氏が結んだ九州勢力によるクーデターで、その大津皇子の刑死のあと、天智の女《むすめ》である（天武の皇后でもある）持統が即位する（そのことは、藤原氏と結んだ天智を擬制的に戴く藤原天皇制へと、大和朝廷は、ねじられる）。それは、畿内における倭国皇統の倭国王統からの権力簒奪を意味し、ここに倭国から、近畿王朝、日本国への道がつけられ、それを踏まえた正史が、天武でなく、天智を新皇祖に頂く『日本紀』（その改訂版が『日本書紀』）の完成に他ならない。この流れは、奈良時代後期において、光仁天皇が出現するに至り、天智直系の天皇が復活し、現在に至る。」

「歴代天皇の位牌を祀る京都の泉湧寺に天武系七代の天皇が、排除される理由はここにある。」

「天智王家の斉明の父が、チヌ王に発していることを、意味深く思う。」（『薬師寺の向こう側』）

系図と諡号

系図を和風諡号との関連で見ると、皇極・斉明は、二十九代欽明と三十代敏達両天皇の曽孫とされている。三十四代舒明天皇との間の子が、天智と天武である。
天智の諡号は欽明と、天武の諡号は敏達と共通点がある。
欽明の子は敏達・用明・崇峻・推古と後継が続いているが、敏達には子の後継がない。孫の舒明とひ孫の皇極・斉明によって天智・天武と続く。そして、天武系が四十八代称徳（女帝）で終わり、天智系が続く。

令和の天皇即位の時、テレビで映し出された八角形の屋根を持つ「御座所」は、唐の皇帝のそれを模したものであり、ヤマト的なるものの特性とは無縁のもの（『大嘗祭』）だ。斉明天皇陵として比定された古墳は、最近整備されたことも様々報道されたが、見事な八角形である。

「唐の女帝則天武后から、斉明天皇につがいのパンダ二頭と毛皮七十枚が贈られたのでは……!?」（令和4年5月1日ウェブニュース・時事新報社）

日本の皇統系譜上に茅渟王や宝皇女がいる。同じ頃、あの中国ドラマで見た唐の高宗〝チヌ〟〝タカラ〟もいた!?という、思いもよらない、偶然とも言えるようで言えないような話になってくる。

高松塚古墳から出土した「海獣葡萄鏡面」は、中国陝西省の「独孤思貞墓」から出土したものと同范鏡の関係にある、という。

独孤氏というのは注意が必要である。隋の楊堅そして唐の高祖の李淵（高宗の祖父）の皇后は、独孤氏で姉妹であるようだ。

楊貴妃

意外なことを思い出すのである。随分昔、京都の御寺、泉湧寺に行った時のことである。「楊貴妃の大きな肖像画」が、他のいくつか著名な高僧たちの肖像画（禅宗では頂相という）と向かい合わせに飾ってあった。当時「皇室の氏寺」というのに、何故外国の楊貴妃を描いた絵がここにあるのか、と単純に思ったのだが……！　楊貴妃は、有名な唐の玄宗皇帝の寵妃であり、玄宗は、茅渟王つまり高宗の孫にあたる。いわば縁続き、姻族である。それがもし本当ならば、楊貴妃が泉湧寺に飾られていたことは、全く見当違いで単なる美人画ではなくなってくる。ということになる。楊貴妃を祀ったお堂もある。楊貴妃は、「安史の乱」の折に亡くなった、とされているが、日本に亡命した、というウソのような話を思い出した。ドラマで、玄宗は敵側から、「楊貴妃も葬れ」との要求に、「政治には一切口出ししなかった妃をなぜに！」と応酬するシーンがあって、ドラマとはいえ、もしや？とも思ってしまうのであるが……最近お守りのお札には、楊貴妃観音が描かれているらしい。仏像になっても、華やかさ漂う観音様である。良縁や安産それに、美人祈願のご利益があるという。

長野の善光寺の開祖は、皇極天皇とされている。斉明天皇の前身である。御開帳の折に、誰も見たことのない秘仏が存在するという話にも、ナゾがありそうに思えてくる……。

天智と天武

斉明天皇には、知られるように二人の息子がいた。天智天皇と天武天皇である。「壬申の乱」で、相争う結果となった……。歴史の教科書でも、額田王をめぐる万葉の歌の世界でも、有名な話であった。額田王は、天武（大海人）との間に「十市皇女」を生んでおり、そして天智の妻となっている。

天武天皇の諡号は、「天渟中原瀛真人天皇《あめのぬなかはらおきのまひとのすめらみこと》」あるいは「明神御大倭根子」。

天智天皇は、「天命開別尊《あめのみことひらかすわけのみこと》」。

天武天皇の諡号には、「茅渟王」。チヌ王の「渟ヌ」の字が入っている。（中原）という字もある。娘の（十市）皇女、その夫の（大友）皇子、という字も記憶しておこう。

二十九代欽明天皇の和風諡号に「天の～」三十五代皇極天皇の諡号以降、四十九代光仁までの和風諡号に「天の～」という和風諡号となっている。一方、天武以降、孝謙までないようである。

「～倭根子」あるいは「日本根子～」の諡号もある。ただし、その間、四十五代聖武には

天皇の和風諡号

斉明天皇は、三十代敏達・二十九代欽明両天皇の曽孫であり、天智・天武の母である。和風諡号を見ると、天智は「天命開別」、欽明の「天国排開広庭」と、天武は「天渟中原瀛真人」あるいは（明神御大倭根子）とあるが、敏達の「渟中倉太珠敷」とそれぞれ共通点がある。

欽明の後継は、敏達・用明・崇峻・推古と続いている。敏達には、子の後継がいない。子の押坂彦人大兄皇子は即位していない。孫の舒明と、ひ孫の皇極・斉明によって、天智・天武と続いている。そして、天武系は四十八代称徳（女帝）で終わり、天智系の光仁・桓武と続く。

そのように見ていくと、大王家は、幾つかの系統が絡み合って繋がっているようにみえる。

例えば、四十二代文武は、倭根子〝ヤマトネコ〟という字があるが、同じく遡ると、七代孝霊、八代孝元、九代開化にもあり。文武以下の四十三代元明、四十四代元正、四十六・四十七代の孝謙・称徳にある。二十二代清寧もヤマトネコがあるが、その前後の雄略

〝大泊瀬幼武〟、顕宗の〝弘計〟とは、全く共通点がなく、系図上では、ここで絶えて別系統になっているのでは、との説もある。

天武の時代

天武の時代、天皇の指導力が強力に発揮され、政界は安定したといわれる。様々な功績があげられている。例えば、八色の姓を制定し、宮廷において、中国風の礼法、衣服、結髪法、などを採用、五節舞を創始、官人の武装を整えた。

国史の編纂にも着手した。唐に倣って礼楽備わった威容を誇示し、新しい国造りのための諸課題に着手した天皇とされている。

檜隈大内陵に埋葬されているが、現状は、「陵形八角」の名残をとどめる不整円丘。八角形は、万葉集に「八隅知し我が大王……」（やすみししわがだいおう……）枕言葉になっているという。そして、

「天皇陵（古墳）の在りようを象徴するという説がある。斉明天皇陵とされる（牽牛孔塚古墳）も近頃、整備が完了したといい、八角形である。

舒明陵・天智・天武・持統陵も、八角墳であるが、その前の用明・推古陵は、方墳といわれており、新たな墳形となっている」（『蘇我氏の古代』）

「天皇の即位の時に、テレビでも映し出された八角形の屋根を持つ〝御座所〟も、唐の皇

帝のそれを模したものであり、ヤマト的なるものの特性とは無縁のもの。」（『大嘗祭』）

「いわれてみれば……」と多くの人が、「どこかで聞いたことがある……」。

推測するに、天武天皇には諡号に「茅渟王」の「渟《ヌ》」の字がある。例えば、「真人」は、６８４年の八色の姓の第一位、のち皇族が、臣籍降下の際に与えられたというもの。まさかチヌ王（高宗？）の係累かも……？　はっきりしたことは、解っていないという。

高向玄理は唐に三十年余り滞在したといわれる。斉明が「宝《タカラ》」であった時代、唐国にいたとすれば、この二人の子？　ともいわれる天武、と舒明天皇との間の子とされる天智は、父親が違うのではという説もありえない話ともいえないかもしれない。

『安史の乱と藤原仲麻呂の滅亡』小林惠子著によると、行信という大和薬師寺の僧のいる薬師寺は、〔高向玄理⬇天武天皇⬇文武天皇と連なる天武系の菩提寺といって過言ではない。〕とある。

大和の薬師寺の礎石と、九州の夜明村にあったという薬師寺の礎石が同じ。一致した、という説もある。

天武を詠んだ柿本人麻呂の歌

『大君は神にしませば天雲の雷の上に廬りせるかも』

大君は神でいらっしゃるので雨雲の雷の上に行宮をお作りになっていらっしゃる……という、有名な歌がある。

実際は、小さな丘である雷丘を、「天雲の雷」と表現していると考えられる。おおげさな……、との識者の批評もある。バスで、そばを通って見えた雷丘は、いわば、こんもりとした田舎の竹やぶくらいの印象、などと言うと、今さらながら不敬といわれそうであるが。千年以上もの長い年月を経ているのだから、地形も、周辺の景色もいろいろ変わってきているのだろうと、素直に受け止めるのであるが。古代の有名な歌人の歌ゆえに、なにか、特別の意味があるのかもしれない。

天武が歴史上、はじめて「天皇」と称したといわれ、「人麻呂の歌は、天武を始祖として語る神話をあらわしだしている。」(『古事記と日本書紀』神野志隆光)という説もある。

文字どおり受け止めれば、「天雲の雷」とは、天の雲の何処から鳴り響いているかわからない、はるか天上の荘厳さを、畏敬を込めて比喩表現した雰囲気が素人にもよくわかる……。大戦乱を勝ち抜き、従来にない大王宮の造営を推し進める大君は、もはや、人ではない。神力をそなえた現人神なのだ。そのようなところに廬する大君は、「神にしませば」と実感であれ、比喩であれ、自然に詠みたくなるだろう。

よく知られた歌である。（文字面だけでなく、その裏に意味がある）風に、又これまでの謎解きの流れから、素人解釈させて頂くとすれば……、

「雄略天皇は、大物主の神に、『雷《いかづち》』、と改名することを命じていた。上鴨に祀られた『雷』の神、賀茂別雷神の大和時代、高鴨神社に祀られていた時代の名が、阿遅且金高日子神であった。これらの国造りの神が『雷《いかづち》』でもあった。天つ神に対して、国つ神、出雲の神である。そのうえに廬する（本邸は別にあるのか?）大君は天雲の雷のその上に廬する神である。」となるだろうか（この大君は、大物主が創った国を廬、別邸にしているのか?）。

蘇我稲目の語りが正しければ、「高皇産霊神の出現は、まさに一言主神のおおものぬしの神の『雷』への改名と同時期なのである」（『神々の革命・古事記を深層から読み直す』）ドラマで、「チヌ」と後の高宗が、呼びかけられるたびに、どこかで聞いたか見たような……と思い出すのは、他にもある。

四　記紀の物語

大田田根子

『記紀』に登場する「大田田根子」は、「茅渟」の県の須恵村にいた。

『日本書紀』崇神6年条に、百姓の流浪や背反など、国内情勢が不安になった際に、崇神天皇はその原因を、天照大神・倭大国魂神の二神を居所に祀ったことにあると考え、宮中の外に出すことにした。そこで、

〝天照大神は豊鍬入姫命につけて、倭、笠縫村に祀り〟、

〝倭大国魂神は、渟名城入姫命につけて祀った〟。

しかし、渟名城入姫命の髪は抜け落ちて、体もやせ細ってしまって、祀ることができなくなった。そこで、夢に貴神が現れ、自ら大物主神と称して、「もし、我が子の大田田根子をして我を祀るならば、たちまち平安となる」と告げられ、「茅渟県」の須恵村にいた「大田田根子」を探しだして、大物主を祀る神主とし倭大国魂を祀ると、疾病は終息し、五穀豊穣となった。

という話がある。太田田根子は、父を大物主大神、母を活玉依媛で、陶津耳の娘と申し上げた。

〝崇神の血統〟では、倭大国魂を祀ることはできなかった。(「渟名城入姫」の「渟」の字は、「茅渟」の「渟」の字がある。チヌの同系統とみるならば、崇神と茅渟王は、同系ともいえる。)

倭大国魂のその祭祀には、その後裔一族が関わることをあらわしていると思われる。大物主の後裔であるその祭祀を滞りなく行うことができた大田田根子は、「茅渟県」にいた。このことは、茅渟県の統治者は茅渟、太田田根子は、そこにいた。つまり、茅渟に統治されていた。と解釈すれば、また、茅渟は、崇神天皇とも重なるのではないか……。

大物主の神は大和の主神とされているので、新たに大和の政治的君主となった皇祖が、この神の処遇にいろいろ苦心したことを示す、一つの例であるかもしれない。

崇神は、「所知初国」天皇（記）―御肇国」天皇（紀）＝ハツクニシラススメラミコト、と称された。四道に将軍を派遣し、反乱を鎮定したりして国を知らすはじまりの天皇とされている。

倭迹迹日百襲姫命

崇神の叔母にあたるともいわれ、箸墓古墳の主とも言われる人物の話である。

その姫のもとに、夜な夜な通ってくる神がいて、ある日、怪しんだ姫が正体をあばくと「蛇」だった、という神話がある。三輪山に祀られている大物主神は、数々の女性と恋におちた大国主命の化身ともいわれて、このような伝承がある、とされていて、この神社では、蛇を神として大切にされている。参拝の際には、生卵をお供えするという風習がある。

ここでは今、蛇は吉兆なこととしてある。

この歴史の謎解きをしてみよう。

百襲姫は、崇神の係累の女性で、夜な夜な通ってくる神は、三輪山の神＝大物主＝蛇だったということは、斉明と鬼（天狗）の関係と同じなのではないか。つまり百襲姫や、斉明が、当時の統治者側とすれば、蛇や、鬼・天狗は、その昔からこの国土に居るが、その後の動乱や政変において、服わぬ者の姿をあらわしているのかもしれない。「桃太郎」の説話も意味深に思えてくる。

第一代の神武天皇の諡号は、「ハックニシラススメラミコト」第十代崇神天皇も「ハックニシラススメラミコト」という。

（始馭天下之天皇・御肇国天皇）漢字の意味を探れば、同じ読みの（ハックニシラス）もいわば、シラス（おさめる）方法と、その対象の状況も違っているわけで、順序が逆では、意味をなさないのではなかろうか。

誉津別皇子

第十代崇神の次十一代は、垂仁である。

垂仁2年に彦坐王（崇神の兄弟）の娘の狭穂姫が立皇后されている。5年に、その兄狭穂彦が謀反を起こし、皇后は、兄に従って焼死した。息子の誉津別皇子が遺された。天皇に大変愛されるが、長じて、ひげが胸先に達しても、言葉を発することができず、それは、出雲の神の祟りとわかったので、天皇は、二人の王子をお供に出雲に遣わし、大神を拝させた。御子の一行が、出雲大神参拝の後、肥河の水上に仮宮を造って滞在していた時、御子は、飾り物として造られた青葉の山を見て、初めて物を言った。御子の参拝によって、出雲大神の怒りは、ひとまず鎮まったのである。御子は出雲で一夜を肥長比売と過ごすが、その正体が「蛇」であることを知り、畏れて逃げた。すると彼女は海原を照らしながら追いかけてきたので、皇子は益々恐れて船を山に引き上げて大和に逃げ帰った。

この話からは、誉津別皇子と、肥長比売との関係は、三輪山の大物主と百襲姫の関係と同じ、つまり、大物主と肥長比売の正体は蛇、同じ出雲系である。「鬼」や「天狗」との関係に同じということが、示唆されているようにみえる。

誉津別皇子という皇子の、当初、言葉を発することが出来なかった、という物語は、斉明天皇が大変可愛がっていた孫の建皇子が、そうであったことが反映されているものがたりという説がある。

この、十一代垂仁天皇は、活目入彦五十狭茅《イクメイリヒコイサチ》天皇という名である。チヌの「茅」という字が入っている。

垂仁35年には、五十瓊敷命に、河内国の「高石池」や「茅渟池」はじめ、多くの池渠を開かせて、農業を盛んにした。


神武天皇の次、第二代の綏靖天皇の和風諡号は、「神《カミ》渟《ヌ》名《ナ》川《カワ》耳《ミミ》尊《ノミコト》」。こちらには、茅渟の「渟」の字が入っている。

初代の神武と第十代の崇神、二人の「ハツクニシラススメラミコト」の次の代、つまり、二代目と十一代目の天皇の諡号に「茅」と「渟」の字がそれぞれ入っている。

このようなことから、初代神武と、二代綏靖との関係、十代崇神と次の垂仁との関係は、同じではないか。そして、この二組は実は同じ一組である。

神武と崇神二人の「ハツクニシラススメラミコト」は、唐の二代目太宗、次の「綏靖」と「垂仁」は、茅渟王つまり三代目高宗チヌに仮託してあるのではないか!?


三十代敏達の諡号は、「渟中倉太珠敷」(ヌナクラフトタマシキ)この天皇にも「渟」の字がある。

二十九代欽明の諡号は、「天国排開広庭」(アメクニオシハラキヒロニワ)。

三十一代用明、三十二代崇峻、三十三代推古は、三十代敏達の腹違いの兄弟である。三十四代舒明は、茅渟王の兄弟であり、敏達の孫、押坂彦人大兄皇子の子にあたる。つまり、舒明以降、敏達系の皇統となっている。

舒明の皇后でもあった皇極・斉明の父が茅渟王である。

この茅渟王の子以降、つまり、三十五代皇極・三十六代孝徳・三十七代斉明・三十八代天智・四十代天武・四十一代持統の諡号は、「天～～」（アメノ～～）と「天」の字がある（三十九代弘文は、諡号なし）。


欽明・敏達は、唐の太祖・太宗、押坂彦人大兄皇子・茅渟王は、唐の太宗・高宗が仮託されているようにもみえる。

天皇の漢風諡号をつけたのは、淡海三船という説がある。弘文天皇の曽孫（＝〈大友皇子の孫で葛野王の子〉の子）にあたるという。

天平年間に、唐僧・道璿に従って出家し、元開と称していたが、孝謙期の天平勝宝3年（751）三十人ほどの諸王に対して真人姓を賜姓降下が行われた際、勅命により還俗して御船王に戻った。のち淡海真人の氏姓を与えられて臣籍降下し、淡海三船と名を改めている。どのような事象に基づいて命名したのだろうか。唐僧に従っていたという経歴から、当時の唐の情報にも触れていたのかもしれない。

五　田尻氏と読み解けば

結果

「□我対馬守大蔵朝臣久貞」は、「藤対馬守大蔵朝臣久貞」と読めそうである。であるならば、この地域の人で、国人【田尻氏】一族の久貞さんではないか?（久貞という名の田尻氏がいたかどうか、はわからないが）。この人も、「藤」氏を名乗っていたとすれば、私貿易にも関わっていた人なのかもしれない。

対馬では、〝造塔の流行〟があった。刻されている文字は掘り出しの仕方は大変に粗いもので、素人の手になるものが一般的であった。ゆえに、字面が読み取りにくかったこともあって（あるいは、故意にわかりにくくしたのか……）、久貞が（碑の他面に記す）喜存妙慶大姉と、明屋道了上座の二人の逆修供養のために、皆、仏道が成就するために、また海上の安全祈願という意味でも造立した碑なのかもしれないのである。

豊後府内参府日記

前記の碑が、田尻氏と読み解けば、合点がいくことがある。

『田尻親種豊後府内参府日記』という古文書がある。天文16年（１５４７）10月26日が遺されている。

田尻親種は、嫡子又三郎（鑑種）ほか一族・家来など、三十一人を伴い、豊後府内に参勤して、大友義鑑や御曹司義鎮（のちの宗麟）に拝謁し、饗応にあずかっている。その旅の道中記事、ならびに贈答品、伴の衆、役人馬などを、詳細に書き留めている。

その内容を見ると、太刀や木綿、紙その他、様々な夥しい贈答品（量も品数も）、そして、やり取り相手の幅広さとその員数が記録されている。例えば、太刀類だけでも、百五十本余、木綿やつむぎ、どんす等、百六十端、絹織物の唐嶋織やどんすなどは、輸入品だろう。そして銭一万五千二百疋（九貫文）。その他諸々の品目がある。今の大和町、鷹尾神社（鷹尾城があったという）のあたりから、豊後の国（大分）大友へ参勤に、これほどの贈答品・財貨を調達した経済力も示している。

「親種の天文2年4月の知行目録によれば、その総面積は、429町5反であるが、一説によると、この目録の鷹尾250町の部分に、〝此の内徳田70町〟とあるのに注目し、これを「徳田」つまり蔵入り地とみなし、これが田尻氏の主な財政基盤であったろうと推定している。」

現在の収穫量や、米価等から、概算して田尻氏の富が、それらの年貢からの収益だけからであったかどうかは、それこそ当時の〝武士の家計簿〟を、見てみなくてはわからない

（あったかどうかは不明である）。

矢部川沿岸に城を構え、鷹尾の津を領内に持つ田尻氏は、大友氏の対外貿易に関与したのではないか。李氏朝鮮への貿易にも、豊後、または、筑後の国から博多を経由した朝鮮ルートであったともいわれている。

田尻氏が対外貿易に関わっていたことを示す資料は、見当たらないといわれているが、大友義鑑が、対外貿易に、有明海ルートの開拓を試みていた資料が、遺されている。

有明海にすぐに通じる土地柄である。当時の有明海は、今の海苔ひび（養殖に使う竹竿）が林立するのどかさとは異なる賑わいがあったのではないか……。昭和の半ば前、この鷹尾で〝あれは、船の進水式ではなかったか……〟というおぼろげながらの記憶がある。

遡ってみると、日宋貿易で巨万の富を得て栄えた平家の例もある。

有明海を通じての交易は、このような国人層などの富の蓄積にも、勢力拡大にもつながっていったのだろう。このような領主たちを従えたその向こうに、大友義鎮（宗麟）の盛時の姿が見えてくるようだ。

この後すぐの、天文16年11月7日には、『大友義鑑は、田尻又三郎に鑑の一字を与え、「大蔵鑑種」の名乗りを許す。』とある。

文明16年（１４８４）田原親宗知行預ケ状

田原親宗（大友の代官）は、田尻左衛門大夫（恒種）に、山門郡蒲船津百町の代所として、同郡東久末四十町を預ける

蒲船津百町之事、今程無足事候之間「少地候へとも、為代所、先以、」東久末四十町事、「預進之候、可有知行候、」

恐々謹言

九月廿七日　親宗（花押）

田尻左衛門大夫殿

豊後参府の六十三年前のことになる。このころ以降には、田尻氏の領有地は、周辺の土地を集積するかのように増えているようである。

蒲船津百町について

この地方は古くは瀬高荘であるが、その直近の事情からは、「寺領」あるいは、「社領」と記す地図があった。戦国乱世時代には一般的に、領主たちによる慢性化した寺社領などの横領と度重なる戦禍を被ることになる。時代は刻々と変わっていく。

その頃の寺院

この豊後府内参府日記には、光蔵寺・高明寺・阿志賀寺・感応寺・龍水寺・光勝寺・金井寺・満願寺・東林寺などの寺、鷹尾大宮司左近助・河野左馬助等、二十数か所から、馬一疋の提供を受けている。

例えば、応永25年（1418）、関東の大名、南部義政が上洛して、〝馬100匹、金1000両〟を足利義持に献上している。（『看聞日記』応永25年8月10日条）

琉球中山王・尚巴志らは、明に使者を派遣し、馬・方物を献上している（永享元年・1429）。

北方・オイラトのエセンは、明に馬500頭、羊1000頭を送っている。

当時の寺が、田尻氏のこのような時に、馬一疋を贈る関係にあったことがわかる。

そもそも、中国の唐の時代の官制に、「九寺五監」と総称される行政諸官庁などが、置かれていた。九寺は、太常寺・光禄寺・衛尉寺・宗正寺・太僕寺・大理寺・鴻臚寺・司農寺・太府寺である。役所の一つであった。日本にも、古代より、有名な寺がある。

中世の寺院には、国家権力と結びついた権門寺院・一国レベルの府中寺院・郡鎮守や、郡内寺院・荘内寺院村落寺院などの階層性もあり、勧進聖・遁世者・修験者の寺院など、多様な寺院形態が存在したといわれている。

当時の地域寺院は、近世寺院とは質的に異なるともいわれている。その地域の宗教的主体、信仰・修行の場であるのみならず、独自の寺領を持つ一種の在地領主・土豪的存在であり、当然、その寺領には、百姓・町人が居住しているのであり、地域寺院は、その地域の広域実効支配権力である戦国大名から、寺領安堵を受けている。（多くの所領、権益に基づく卓越した経済基盤と、武家に勝るとも劣らない軍事力を有しており、「寺社勢力」とよぶにふさわしい存在、という説。）

当然、戦国大名ら、権力側からは、その対価として、奉仕つまり、諸負担が賦課され、寺院側には、それを負担することが必然となる（『中近世の地域と村落・寺社』より）。田尻氏という戦国の国人が華々しく豊後参府を行うにあたって、各寺院が馬一匹ずつ（二疋もある）を提供したのは、そのような慣例からかもしれないが、単なるお餞別なのかもしれない。実際、室町期のある時期、阿志賀寺の（と思われる）周辺は、当時の地図では、「寺領」あるいは「神領」となっている時期があるが、戦国期の所領は、複雑で安泰ではない。

神社について

平将門の乱の直後に作られた天慶7年（９４４）の「筑後国神名帳」あるいは、「高良天慶神名帳」に、地元神社名の記載がある。平安中期の朱雀・村上天皇の御代、高良社が最も尊崇を集めており、筑後国内には、その摂社・末社が多い。その山門郡の神社をみると、「物部田中神」など、26の神社名があり、頭に「物部」という文字のつく神社がいくつかある。そのうちの一つに、「物部阿志賀野神社」という神社の名もある。ただ、実際、筑後国山門郡のどこにあったかは記載がなく不明である。

そのようなことから浮かび上がってきたのは、「天正元年十二月九日」の、〔釈浄院要退位〕という位牌のある家の苗字そのものの漢字が配されている。そのあたりは、往時を思わせる地形等想像つかないほど、変わっているといわれているのであるが、南北朝合一の明徳3年（1392）銘がある〔艮天満宮〕が今も存在する。地続きにあった墓所に、「実相院一誉円入居士」、他面にこれを建てた江戸時代の人の名を刻まれた石塔がある。

村役

天正元年の位牌から、寛永3年12月24日釈了西不退位までの五十三年間は位牌がない。寛永12年2月18日の位牌は足利定右衛門と記してある。足利の姓は、この人だけである。

柳川古文書館に保存されている正行の橋本家の古文書によれば、寛永21年に蒲船津村の氏神熊野宮を、正行村に分魂をして祀った。その頃は、神座として正行村より、二人の人が座っていたが、分魂した為に、神座を蒲船津の人に譲った。その村の庄屋が阿志加平左衛門と記してある。また、十四年後の承応4年及び明暦3年（1657）に修理の際に、庄屋阿志加忠右衛門の名があり、世話をしているよう記入されている。（以下略）

江戸時代に実際、村落主導者階層として史料上に立ち現れる庄屋・年寄・また、名主・組頭などの、いわゆる村役人層は、その出自をどこに持つものか、どのような過程を経て「村役人」そのものとなったのか、という点において、村役人の存在が、高校などの教科書などにも、既成の事実として記されているにもかかわらず、まだ、歴史的な謎を多く含む存在であるとされている。

明治2年の地図

明治2年のそのあたりの地図が公開されている。

『福岡県の中近世城館跡Ⅳ―筑後地域・総括編―』２０１７　福岡県教育委員会　所収の「蒲船津城」あたりがその寺領にあたるようだ。その沿革、概要が、次のように記されている。

【沿革】塩塚川右岸、柳川城の東側にあたる三橋町蒲船津の標高３ｍほどの平地に位置する。『山門郡誌』には、「蒲池氏の支城三橋村蒲船津の東南方にあり。二郎丸といふ場所の本城二の丸跡と伝ふ。蒲池氏の臣蒲池益種城番たり。天正9年竜造寺氏の臣鍋島氏之を攻む。益種等奮戦及ばず、戦死す。城の南方に戦死者の塚あり。」とある。

【概要】蒲船津の一角にあたるという「二郎丸」という地名は、小字にはないが、地元では、熊野神社の南西側にあてられている。また周辺には、「旗角目」などの関連地名もあるとする。それらの一帯は、水路が縦横に走ることで造られた方形の区画を多数確認することができ、特に、「二郎丸」の位置は、水路に沿って藪が巡っており、土塁などの痕跡の可能性も考えられ、それらが、かつての蒲船津城の水堀や土塁などを反映したものである可能性は考えられる。近くの字「北の屋敷」なども、蒲船津城に関連した地名の可能性がある。さらに、現状残された水路の多くも、少なくとも明治20年代からは、若干埋められたものを除いてほとんど変わっておらず、中世まで遡る可能性を残している。しかしながら、城としての根拠が地名のみであり、およその位置以外の明確な城の位置や範囲など詳細情報は不分明であり、現状の情報では知ることはむずかしい。」とある。

現在、熊野神社の前を通る、柳川から、瀬高に通じる国道往還は、明治20年代初期の地図では、まだ開通していない。

さらに西方側にあたる「西の丸遺跡」からは、室町時代の船来陶器が少数検出されている。

六　闇千代父祖の遺明船は大成功

心源寺殿

この蒲船津城があったというところから、歩いて行けるところ、垂水に「心源寺」という無人の寺がある。竹藪の中には、中世の石塔も遺されている。古刹のようである。実はこの寺は、「奉雲山心源寺」という曹洞宗永平寺派の末寺であり、文明8年（1476）僧一透により豊後臼杵に開基なった寺であったという。

大友家十五代（十四代説も）豊後と筑後の守護大名であった大友親繁（法号・心源寺道清）の寺で、立花宗茂が柳川藩主に封ぜられた時、同寺も豊後より、当、垂水に移し、建立されているという。寺には、精巧に彫られた「一二薬師木造の本尊」と、「大友親繁の位牌」（文明14年・1482）が安置されているという。

寺院境内の藪の中に自然石梵字板碑がある。資料によると、

阿弥陀三尊種子（梵字）
安山岩　高さ　100㎝
　銘
奉造立石仏一体
　　道明
逆修善根功徳　　妙芳
　　　　　　　妙真
元亀四葵酉年三月彼岸日

この板碑は、元亀4年（1573）に、三名の方が善根功徳を願って生前に造立された

板碑（銘に石仏とあるが、図像でもない）。

元亀4年は、立花宗茂もまだ柳川に封ぜられていないので、心源寺もまだ、垂水村に移寺されていない。

板碑のある場所に、刻まれたその年号以前から、そこに寺らしきものがあったのか、なかったのか不明であるが、何某かの人の気配の跡は感じられる。

永享3年（1431）11月28日に幕府は、僧心源・周朝を派遣して、教書を九州探題渋川満直に与え、また密書を菊池・大友の諸将に伝えさせる。（満済准后日記）とある。心源という僧が、九州にやってきている。

近くの神社に永享年間の神像が存在すること九州探題、渋川氏の一人がこの筑後のあたりに住した等々から、この名前が同じ僧心源の足跡も知れるかどうかは不明である。

大友親繁は、戸次氏（鬧千代の父の系統）の父にあたっている。当時、豊後・筑後の守護だったという。宗茂が、豊後から、自分の領地に移したのは、このような、係累上の理由もあったかもしれないが、大友氏の戦国大名としての基盤作り、九州の雄とよばれる遠因を作った功績も称えられている。

大友氏は、八代当主氏時の子供たちの時に南北朝時代に突入し、大友氏二派に分かれて対立している。そのままでは大友氏は衰退するのは明らかなので、大友氏継（氏時の嫡男）派と、大友親世（氏時の次男）の末裔から交互に当主を譲るという両統迭立政策がとられた。それがおよそ八十年くらい続いたが、親繁の代になって、自身の子たちに家督を譲ることとして、大友氏の一本化を表明した。

領国経営の安定化、つまり、守護代などの職制の設置や、奉行の設置などにより、家臣団統制にも力を注いだといわれる。

宝徳3年の遣明船

遣明船は、足利義満の対明交渉が成就した応永8年（1401）以来、15世紀から16世紀半ばにかけての一世紀半の期間に19回派遣されている。

宝徳3年（1451）に日本から中国に派遣した遣明船団は、遣明船史上最多で、総勢9艘の船に、千二百人の使節団員が乗り込んだ大規模なものであった。そのうち6号船を豊後国守護この大友親繁が派遣している。

この6号船使節団は、宝徳3年（1451）4月23日に中国浙江省の港町寧波に入港した後、6月2日に進貢物を陸揚げし、8月12日に杭州を通り、10月8日に北京に到着、同10日に皇帝に拝謁している。

この大友遣明使節団で、外交実務を担ったのは斯立光瞳?である。15世紀半ばの守護大名期の大友政権において、日中間を往来する外交僧として活躍している。この僧は、円爾を派祖とする京都の東福寺聖一派の臨済宗禅僧で、大友親繁の帰依をうけて、豊後の活光寺に住していた。その折、光瞳？が明朝皇帝への表文の起草に携わっている。

この宝徳度の各船には、膨大な量の進貢物と、商売荷物が積まれていたことが推測される。『大乗院日記目録』によると、その積荷の内容は、「油黄」（硫黄）39万7500斤、「銅」15万4500斤、「竹黄黄」（蘇芳）10万6000斤、「太刀」9500振、「長刀」417振、「扇」1250振、その他。

最大の輸出品は硫黄だったという。船団中の硫黄積載量のうち、大友船が、最大積載量を誇る。自領国内に硫黄鉱山を領有する大友氏の硫黄調達の優越性を物語る。室町期の日本と明との間で行われた勘合貿易での硫黄の輸出の事例は、枚挙にいとまがないという。現在の重量に換算してみると、硫黄9万2000斤は、およそ54tに相当する。軽自動車1台が1t弱なので、木造帆船に軽自動車54台分の重量の硫黄を積んで、東シナ海を横断したと想像できる。『臥雲日件録抜尤』によると、帰朝した6号船の商人から、徴収する抽文銭率を、大友親繁が、他船より3割下げて賦課したことを記している。他の8艘の平均積荷3万9000斤に対して、その2倍を上回る9万200斤の硫黄を積載して対明貿易を成就させた。親繁にとっては、抽分銭率減額分を差し引いても余りある大きな利潤だったといわれている。また、寛正6年（1465）の遣明船で渡明して、中国の絵画技術を学んだ雪舟等楊を、帰国後に豊後府内に招き、その作画活動を支えるアトリエ「天開図画楼」の建設を認めている。

このように、遣明船の派遣でも、成果を讃えられる大友親繁（心源寺殿）を嘉例として、豊後より、自領に祀られた寺なのだろう。

堂々の大友船の物語は、宝徳３年（１４５１）の遣明船１回に終わるようである。船が認められなければ、私貿易に転じている。その間の事情は「八幡船＝ばはんせん」という旗を立てた船などが描かれた絵巻にも遺されていた。

天文18年（１５４９）以降、日・明間の国交は断絶し、その後、倭寇が再び跳梁する時代となったが、大友宗麟は、数回にわたって遣明船の派遣を計画し、実行もしている。また、明からは、倭寇対策のための使節が宗麟のもとに派遣されるなど、大友氏と、明との関係は、公式のルートではないが、つねに、存在している。

「そのようななかで、大友氏の家臣、豊饒氏から、三池氏への書状が届いている。三池氏の所領は、筑後国三池庄南郷を拠所として、戦国期には、北郷の亀崎―隅村・楠田・濃施・今福（今の大牟田市から、高田町にかけての地域）にも進出し、天文19年の「二階崩れの乱」直後の菊池義武の乱以降、三池親員は、一貫して、大友方として行動している。戦国期に拡大した三池氏の所領は、有明海に面した所領を含んでいた。その三池氏に、所領内の港を、明に派遣する船の出航地（荷所）として、準備するようにとの命令を伝えたのである。ここでは、外洋を航海できる船や船頭、水主、さらには、積荷などの準備をすることとなると考えられ、港としての機能を十分に備えていることが、「荷所」の選定の前提となったとされる。その意味で、三池氏の所領内には、そのような港が存在したのである。そして、大友氏は、単に、戦時の兵員や物資の動員だけでなく、貿易船の出航地の準備をも、支配下の国人領主に期待していたのである。」(「奥有明の海人たち」半田隆夫)

七　地名・人名のナゾ

地名

今でも、大牟田に「唐船町」の地名があるが、ここは、堂面川の河口で、有明海に臨む地であり、港としての立地条件に恵まれた場所であることから、中国船の寄港地であったと、推測されている。

中国、明の時代、16世紀中期に作られた『籌海図編』には、有明海沿岸部肥前・筑後・肥後の港が記されている。肥前国では、偽鉄來(寺井)、法司奴一計(蓮池)、客舎(嘉瀬)であり、筑後国では、言奴気子(榎津)、達加什(高瀬)である。すなわち、これらの港は、明の人々によって、明船の入港可能な港として認識されていたのであり、有明海沿岸地域へ明船(唐船)が頻繁に入港していたらしい。また、この『籌海図編』に載る肥後国達加什（高瀬）には、天正4年（1576）頃に、「石火矢」を積んだ船が到着している。（大砲）であったといわれている。このように、有明海沿岸の港には、明以外の外国船の入港もめずらしくはなかったのである。（『戦国期の流通と地域社会』）

有明海は17万ヘクタールほどの内海であるが、一万年前の有明海は、今よりもっと広い湾で現在の筑後平野や佐賀平野のかなりの部分は海の中、つまり、吉野ヶ里の南4キロメートル付近が海岸線だったといわれている。有明海の奥部の沿岸地域には、筑後川・矢部川・菊池川の3大河川が有明海に注ぐ豊かな穀倉地帯であるが、これらの河川の舟運と有明海の海運を束ねる海人たちも古代から住んでいたのだろう。前述の、太宰の大弐の大蔵一族である「筑後の田尻」といわれる田尻氏は、天文17年（1548）高田町田尻から矢部川下流右岸の大和町鷹尾に城をうつし、河口の鷹尾津を中心に奥有明の海上権の一部を掌握する。

伊予の河野氏・越智氏

矢部川を挟んで鷹尾の対岸にあたる瀬高町河内の集落に河野《かわの》姓の家が70軒ばかりある。瀬戸内海の河野《こうの》水軍の係累だといわれている。元暦2年（1185）3月平氏が壇ノ浦で滅びた。源氏に見方した河野四郎越智通信は、同年8月、子の通貫と隋臣二十五士を連れて伊予を退き、翌年2月筑後山門郡堀切の荘に蟄居したといわれている。通信は、同3年三十八歳で病没する。河野一族は、このようにしてこの地に土着したらしい。

筑後の田尻氏は、河野一族をはじめとする水軍を編成して、有明海や北東アジア水域で活躍した。有明海の大和町地先にも「強盗洲＝がんず」とよばれる洲がある。豊後の大友氏は、この田尻氏にも鷹尾250町他の所領を宛てがっている。


有明海に注ぐ菊池川流域でも、高瀬町と高瀬津を勢力基盤とする高瀬氏は菊池氏の守護代として、日明貿易や日朝鮮貿易に関わったといわれている。高瀬には、海外渡航者の来訪もあったといわれている。また、菊池川左岸の伊倉には、古くから唐船の発着した伊倉津があり、唐人屋敷や「唐人川」という名の川もある。高瀬町と伊倉町には、「惣之市」が存在し、堺のような自由都市的な性格を持った港町だったという。

後に高瀬は、立花宗茂公が一時滞在した土地と記憶しておられる人も多いだろう。肥後米・菊池米の産地でも有名な菊池川河口域の高瀬津とその周辺は、秀吉の直轄領（蔵入地）として朝鮮の役（文禄・慶長の役）における兵站供給地として加藤清正に預けられていた経緯もある。

古代に於いては、菊池川流域は、舟型石棺の密集地帯である。和水町には、有名な江田船山古墳がある。5世紀後半の前方後円墳であり、その副葬品の太刀の銘文は、特に注目を集めたところである。古代史ゆかりのこのあたりにも、大友氏の勢力が伸びていた。輩下の小代氏も周辺の中小の武士団を制圧し、熊本市内河内町の近くの「盗人島」ぬすっとしま（別称、がんどうじま）に出城を築いて、有明海中部の制海権を掌握する。そして、時々、倭寇として北東アジア水域に出没である。（パンフ「奥有明の海人たち」半田隆夫）

大友義鎮（宗麟）は所領だけでなく河川の漁業権の安堵も行っている。

十四代（十五代とも）大友親繁は、大友氏の領国の支配強化につとめただけでなく、前述のように、海外貿易に着目し、李氏朝鮮に対して積極的に使節を派遣し、莫大な利益を得た。応仁の乱では東軍に属し、大内教幸の援助、および、西軍討伐を、東軍から命じられている。

伊予の河野氏との関係を記すものもある。

河野氏が伊予の守護と承認されたのは、永徳元年（１３８１）のこととされている。徳治３年（１３０８）には、鎌倉幕府から、伊予の有力御家人河野通有に対して、「西国や、熊野浦浦の海賊をとらえよ」との命令を受けている。当時、九州にいた通有は、弘安の役に際して水軍を率いて北九州に駆け付け、武勲をあげた人物として知られており、その勲功により、肥前国神崎荘などに、所領を与えられている。河野氏は南朝方であるが、細川頼之が康歴の政変で失脚した後、幕府に帰順している。「幕府の地方支配の担い手や権力構成の在り方は、政治情勢や地域性に応じて、様々変化するものである。」（『室町幕府の地方支配と地域権力』）

宝徳2年（1450）8月には、河野教通の守護補任とある。

寛正元年（1460）には、伊予の河野教通と大友親繁と臼杵荘の領有を巡って相論になっている。一方、大友氏系図に「親繁の娘の一人が伊予に嫁いだ、とも記している。守護の大友氏の婚姻相手と釣り合いがとれる伊予の武士は、同じく守護である河野氏以外考えにくく、後に和議になったと推測されるから、世代を勘案して、大友親繁の娘と、河野通宣の婚姻関係の存在を想定している。」（『中世伊予河野氏の婚姻関係と予陽河野家譜』）

瀬高町堀切に土着した河野一族の集落には、河野氏の氏神、四郎大明神（現、荒仁神社）が祀られている。

柳川の沖の端には、壇ノ浦合戦で敗れた平家の騎馬武者「六騎」が土着している。

また、単なる伝承物語であるが、江戸の終わりごろに記されたものによれば、古代、八女の「筑紫の君岩井」の輩下であった者が、その後、日向神、黒木を経て柳川の宮永に住み、海童神社を祀っている、というお伽話もある。

江戸時代に、河野家八十二代通重の二男通清が、肥後玉名郡の小岱山の麓集落（樺村硯川）に移住する。通清が、肥後の河野の初代といわれている。『現仁宮八百年祭』には、

「河野四郎越智通信公」とある。本姓は、いずれも越智氏ということらしい。

小致命・越智

越智氏とは古代日本の伊予国の豪族といわれ、越智宿祢で始祖は小致命（物部姓小市国造）、『新撰姓氏録』では左京の神別氏族として、越智直が「神饒速日命の後」とある。

応仁・文明の乱において西幕府は、大和国人越智氏を和泉守護に任命した。畠山持国が没して、子の義就と、甥の政久・政長兄弟のお家騒動が発生すると、大和国は、大混乱した。越智氏は、義就派で、政長派の筒井順尊・十市遠清・箸尾為国らを追放し、越智氏の最盛期を現出させた。

当時、守護被官や、国人などの身分では、これまで一国の守護にはなれなかった。「実力本位の登用」「家格破壊」と、中世史家（桜井英二）はさらに、「実力さえあれば、いかなる出自のものでも、一国の主になれることが、将軍によって宣言された」と述べて、戦国乱世において、自身の体制を強化するためとはいえ、将軍が率先して身分の壁を破壊してしまったことを、将軍にとって「禁断の一歩」であったと結論している。こうした動向は、その後も続いていく。（『武家の王・足利氏』）

河野氏と同じように、本姓を「越智」とする人物が、近在に他にもある。「山田氏」である。西原一甫の『柳河明證図會』に「山田天神」について、付箋を挿入し、次のように記されている。

「山田天神」山田小路にありゆえに山田の天神と称す。〔山田氏は、伊予大領越智玉置12世山田美濃守興友の後孫大友採題の幕下となり豊後立石に住す。天正中山田小弥太郎忠興日向国耳川にて討死し、一男宗興慶長中石垣原にて戦死す二男興昌は大友義統公の配所に従ひ三男興則始め豊後の臼杵に隠蟄し後筑後国に来り旭日村に住す。その子孫宮永に来住す故にその處を山田小路と称す〕

この記事からは、ここの山田氏も、河野氏と同じく、名前に「越智」という字があり、本姓は「越智」氏なのではないか。

越智水軍➡河野水軍➡村上水軍という系譜になるのだろうか。

「人間は血を混交させる要素を持っている。一人の人間の系譜をたどれば、実に、様々な人間につながっていく。そこから、人間に貴賤はないとの考えが生まれたとしても、不自然ではないのだ。月卿雲客といえども、その血をたどれば必ずしも貴種とはかぎらない。釈尊は『賤民経』の中で、人は生まれによって賤民たるにあらず。生まれによって婆羅門たるのではない。人は行為によって、賤民となり、行為によって婆羅門となる――。と説かれている。」（『惜別の海』）

興則の子孫が立花家の家臣になり、この地にきて山田を名乗ったというのが、正しいという意見がある。なぜかというと、この山田天神という小さな祠は、四百年ほど前、このあたりは、山田勝兵衛という武士の館で、その屋敷にこの社があったという。かつて、この付近は、山田小路とよばれ、今でも集落の通称として残っている。

立花三楽の遺稿

〝立花三楽〟という人の遺稿によると、

「山田勝兵衛は、本名を戸次勝兵衛親良と言い、大友氏の一門である片ケ瀬戸次氏第四代戸次山城守鎮秀（宗傑）の三男で、大友義統（吉統統）の重臣の一人であった。父鎮秀は、戸次鑑連（立花道雪）の甥（母が、鑑連の妹で、鎮秀の妻、勝兵衛親良の母）は高橋紹運の妹（吉弘鑑理の娘）であるから、勝兵衛は、紹運の甥であり、立花宗茂とは、従兄弟の間柄であった。立花宗茂奇跡の柳川復帰を果たしながら、自らを歴史から消し去った人物である。」

なぜ消し去った人物なのか？　立花宗茂の輝かしい勝利、成功の裏に、この人あり、のような人物ではないか。

立花三楽氏の遺稿などから窺い知れる勝兵衛の活躍は、期せずして、この謎解きにも、少々、関わってきそうでもある。

要約すると、

「勝兵衛の活躍は、文禄元年（1592）秀吉の唐御陣（文禄の役）が始まりである。特に、以前から貿易を通じて朝鮮国と親密な関係にあった大友氏は、大変苦しい立場に立たされた。山田勝兵衛は、宗茂麾下に出陣した。さらに、家康の内意をうけて朝鮮側と密かに接触した。それは、戦闘をなるべく回避しながら、長期化を防ぎ、秀吉の野望を挫折させて、早期和平と戦後処理の交渉を進めることであった。すでに家康が、次の天下人になることを見抜いていた勝兵衛は、以前から徳川家中と、親密な人脈を築いていた。また彼は、かつて、大友氏の朝鮮貿易を担当し、博多の豪商、島井宗室や、神谷宗湛と親交があり、朝鮮王朝にも、有力な人脈を持ち、双方から、厚い信頼を受けていた。当時、戦後処理と、日朝国交修復の交渉ができる人物は、彼以外にいなかったといえる。（三楽氏の見解）

彼の隠密行動は、予想外の成功を収めた。小早川隆景の率いる第六軍に属し、やや遅れて朝鮮半島に上陸した立花軍二千五百と、高橋直次隊八百は、全く抵抗を受けずに王都京城に到達した。立花軍が、戦場で、目立つ「金色の兜」を用いたのは、相手方に立花軍を識別させるためであった。金兜隊を認めると朝鮮軍は、戦闘を避けて、姿を隠し、進路を開けた。文禄・慶長二度にわたる外地での戦争にしては、立花軍団の戦死者数が不自然に少ないのは、その証であり、慶長の役で、（慶長2年１５９７）蔚山城に孤立した加藤清正軍を少数の立花勢が、一兵も損なわず救出できたのも、軍事的には不可能に近く、その後の和平を見越した日朝両国の複雑な思惑が絡んだ外交交渉の結果であった。

天下分け目の関ケ原合戦では、宗茂は西軍として出陣した。山田勝兵衛は、宗茂の西軍参戦を阻止するため、家康から託された本多平八郎忠勝の添書付き五十万石のお墨付きを携え、国元へ急行した。途中岡山で、進軍中の宗茂に出会い、直ちに引き返すよう説得したが、及ばず、空しく柳川に帰った勝兵衛は、落胆する暇もなく善後策に着手する。

彼は、肥後の加藤清正と豊前の黒田孝高（如水）を頼り、不測の事態に備えた。上方から引き揚げてきて、豊前に上陸した立花勢に黒田如水は、敢えて手を出さず通過を許している。宗茂は、関ケ原にこそ間に合わなかったものの、徳川方に属する京極高次の近江大津城をたった一日で攻略していたので、最早、報復は免れなかった。

帰国するや否や隣国肥前の鍋島直茂から攻撃を受け、絶体絶命の窮地に立たされた宗茂は、江上・八院に兵を出して圧倒的な鍋島勢と一戦を交えた。この合戦は、勝兵衛が清正や如水と談合の結果、予め筋書きが設定されていて、実戦に及ぶ前に、清正と如水の調停により両軍撤退しその後で宗茂が柳川開城に応じる手筈であった。ところが、一人の愚か者の軽率な行動により、思わぬ合戦が引き起こされ、多数の死傷者を出す惨事になった。

しかし、勝兵衛の秘策はともかく、柳河城の無血開城によって、立花家を最悪の断絶から救うことができた。宗茂も事ここに至っては、勝兵衛の策に従わざるを得なかったであろう。

領地を没収された宗茂は、清正の厚意により、一時、肥後高瀬に奇遇する。勝兵衛も同行したが、翌年、宗茂が肥後を去るのと同時に、延岡城主高橋元種の招きに応じて、一族郎党を延岡に預け、自身は、江戸と朝鮮国を往復しながら、日朝復興と宗茂復権のため、奔走した。日朝両国にとって、国交修復と貿易再開は、緊急の課題であり、その鍵を握る彼は、自身の立場と手腕を最大限に活用して、外交交渉を成功に導き、それと引き換えに、お家再興を実現しようと、全力を尽くした。

幸い、家康の期待に応えることが出来た彼は、大名の地位を与えるという破格の褒賞を辞退して、ひたすら宗茂の赦免と立花家の復興を懇願した。宗茂一行が肥後から京を経て、江戸へ向かったのは予定の行動であり、幕府から許しが出たのはそれから間もなくで、その後の展開は、彼の筋書きどおりであった。宗茂の復権と、日朝復交とが、並行して進展しているのは偶然ではない。

宗茂は晴れて大名に復帰し、立花家の再興は果たされたことになる。最初の朝鮮通信使が来日し、正式に日朝復交が成立したのは、翌慶長12年（１６０７）5月のことである。

さらに田中家改易の後、宗茂の旧領復帰も叶えられた。その陰に山田勝兵衛の驚くべき政略が隠されていたことは、すべて歴史から抹消されて、当事者以外に知らされることなく、事実のみが残った。勝兵衛自身、己の存在と功績を歴史の闇に消し去ったのである。朝鮮侵略戦争から、宗茂の柳河復帰に至る真相は、封印された歴史の底に埋もれたまま、永遠にあかされることはない。

宗茂が、柳河に復帰すると、山田勝兵衛は、直ぐ客将として迎えられ、当然ながら、関ケ原以前とは一変して、終生破格の待遇を受けた。余慶は一族末代に及び、子孫は、幕末まで、柳河藩の大身重職として、別格の身分であった。宗茂は、最大限の配慮を示して、彼の功労に報いたことになる。

勝兵衛親良の嫡子親貞は早世したが、次男の勝兵衛親房が跡を継いで、千石の家老大組頭に任じられた。この代から、苗字は、立花に変わる。親房の跡は、次男「虎良」が継いで家老組頭となり、三男親長も千五百石の家老となって、三の丸立花家を創立し、共に、代々、世襲して幕末に至っている。親房の長男親信は、母違いであったため、家督を辞退して分家を起こし、五百石の中老となった。たとえ一門とはいえ、このような別格待遇は、よほどの理由がなければありえない。立花家にとって、勝兵衛の功績がいかに大きかったかを物語っている。」

朝鮮の姫

虎良の妻女は系図によれば、矢島俊行女とある。虎良の祖母は、勝兵衛が朝鮮から連れ帰った「朝鮮官女」と呼ばれる朝鮮王室の姫で、朝鮮李朝十四代宣祖（昭王）（在位１５６７〜１６０８）の王女の一人。その墓が福厳寺にあり、「花岳院殿覚誉慶園大姉」と刻まれているという。

この文字とよく似た銘を記す逆修碑。

銘　　花岳覚貞上座
　奉造立六体地蔵　逆修
　　花岳妙光大姉

元亀辛未11月蒲池□□入道

□□は因幡＝蒲池鑑憲か、という説。
長命寺の六地蔵残欠である。
関係があるかどうかは、不明である。

第四章　筑紫地方最古の五重の石塔

「貞永元年刑部丞中原為明の坂東寺の石塔
奉造立　五重石塔
大勧進
預所□物
刑部丞　中原為明
貞永元年壬辰
八月彼岸日
」

一　鬼と雷

筑後市熊野の坂東寺にある筑紫地方最古の五重の石塔である。鎌倉時代中期の年号「貞永元年」（1232）が記されている。中原氏の誰か（為明）に関わる塔である。鎌倉時代から、当地に縁のある一族のようである。

もとは、東西両塔が相対峙していたが、現在は西塔のみ遺存し、東塔は、天保年間、当時の藩主によって他所に持ち去られ、その址に新塔を建て、銘にその由来が刻まれているという。

江戸時代、藩の家臣団の来歴については、様々な史料によって明らかにされているもののようである。が、何百年にも亘って、物事の由緒が、明らかに正確に伝わっているなどとは、およそ考えられないのもまた事実なのではないか、といわれている。というのも、江戸時代のある時期、藩主の代替わりの折に、提出させられたという家臣団各家のルーツというものが、およそ不透明であった、という事実があるらしい。その伏せられている部分が、最も重要な事実、であることは多言を要しないという説もある。

ある時、「御家中」についての特別展が開催されていたが、藩のある重臣の家のルーツが、「不明」とあった。

中には「安藤」「曽我」「海老名」などという、名前がすぐに連想できるような姓もある。例えば、朱舜水とも交流があったという、学者の安藤省庵、大正天皇の侍従を務めた曾我裕介、同志社の設立者、海老名弾正等々、がこの藩の出身だという。立花宗茂公が、大友家の「戸次」流でもあるので、元、大友家一族、やゆかりの人々も多い。戦国の世の、合従連衡をも経て生き残った人々の身の振り方も様々だろう。この人物たちは、どうなのだろうか。室町戦国末期、足利義昭の奉公衆、外様衆などに、同じ苗字の名前がある。中には、鎌倉以来ではないか……と思われる苗字もある。その後の時代の変遷、乱世をくぐり抜けて、当時の幕臣・陪臣その他、様々な人々が、各地の大名に仕官したり、帰農したりして江戸時代を通過、明治維新を迎えたということになっているのだろうか。

摂津氏

注目なのが、「摂津氏」である。なぜかといえば、本当はこの氏族ではないか、と思われる藩の重臣の家がある。

ある江戸時代の古文書に代々、お寺の坊守の実家として、記されている家名があった。

摂津氏というのは、二〇二〇年の大河ドラマで、義昭の側近で、めずらしく登場した、万人受けのしない役どころに描かれた人物である。

天文15年（１５４６）年の足利義輝の元服・加冠の式に、惣奉行を務めたのは、摂津元造であった。

もとは京都の明法家、中原氏の分かれで、古代に遡れば、安寧天皇（欠史八代）の皇子、磯城皇津彦命を祖とする「十市首《といちのおびと》」という。

平安時代の儒学者・十市有象のとき、「中原朝臣」を賜り、中原有象に改姓している。

一族には、明経道の博士が多く、代々、局務に携わって、大外記・少外記を世襲した、とある。

ここに示す系統は、鎌倉時代に京都から鎌倉に下って幕府に仕えた中原師員を祖とする官僚家である。大江広元とともに、鎌倉の頼朝のもとへやってきたシーンが二〇二二年の大河ドラマで映し出された。

代を重ね、摂津親鑑は、幕府滅亡の際に、北条一族、息子高親と共に、鎌倉で自害している。

南北朝期、親鑑の弟、親秀は、足利直義を支えた吏僚層（引付頭人）で、建武政権下では、雌伏を強いられた。

その後の係累をたどってみると、親能の跡を承継した能直は、右近蔵人、右近大夫、掃部頭で、従四位下にも叙されている。

跡職が、息子能秀に安堵されている。

能直の子には、嫡子能秀以外には、現在確認されていないという。

能秀は、他の評定衆より高い家格への道筋を就けたといわれている。能秀の子には、満親、その娘には、義満の女房になった、春日局（江戸時代の家光の乳母ではない）がおり、後に、足利義嗣（前述）を生んでいる。

満親は、正長2年（1429）3月に行われた足利義教の元服で、応安の先例に任せて宣下を申し沙汰している。応安の先例に当たっているのは能直である。義政の元服に伴い、摂津守に任官している。この時出家の身、法体後の任官であった。屋敷は、今出川武者小路西頬にあったらしい。

息子には、嫡子、之親、その諸兄で等持寺住持も務めた興賢西堂がいる。娘には、広橋綱光室と、春日局（最初、左京大夫局、ついで左衛門督局）がいる。この春日局は、本願寺蓮如の娘を養育し、この娘は、広橋兼顕猶子となって、左京大夫局を襲名して、幕府女房になっている。

之親は、義政元服に伴って掃部頭に任官し、文安元年（１４４４）12月には、大嘗会惣奉行の恩賞として従四位下修理大夫に叙任された。

息子政親は養子かもしれないが、大永5年、摂津入道の記録があるので、その頃までは生存していたのだろう。官途は、中務大輔・掃部頭・摂津守、位階は、従四位下まで精進している。

息子に、元造がいる。娘はいないようであるが、猶子として、幕府女房阿茶々局がいる。

元造は、義澄元服に伴って中務大輔に任官し、義澄政権下で様々奉行を務め、義澄が京都から没落後も、従っている。義稙政権に出仕を機会に、元親から元直へと改名し、翌年従四位下に叙される間に元造と改名している。その後、享禄4年9月に摂津守に任官し、天文19年4月には従三位に叙されている。

元造の子には、嫡子の晴門と、海老名氏に養子に入ったと思しき「海老名刑部少輔頼雄」がおり、娘には、幕府女房の、左京大夫局が、養女に、同じく幕府女房、春日局がいる。

晴門は、初名、晴直、天文14年5月に掃部頭に任官し、天文22年正月に、従四位下に叙され、直前に改名したようである。

摂津氏の「摂津守」は、苗字の由来である「摂津守」になっていなくても、その名称で呼ばれることがある。「せっつさん」なのである。実際「摂津守」に任官が何時なのか判定がむずかしいといわれているが、義輝最末期か、義昭が将軍になるあるいは、それに伴うものとしての任官である可能性が高い。

永禄11年、10月に義昭が将軍に就任すると、同じく入京していた晴門は、ふたたび政所頭人に復帰し、11月には、早々と連署奉書を出している。しかし、元亀2年7月に、神宮禰宜職の執奏に、藤波康忠を除外した一件で糾明を受け、義昭の命で逼塞したことにより、同年11月には、伊勢貞興へと頭人が移っている。

元亀3年8月6日条で義昭の使者として禁裏へ、伊勢祭主職の案内を伝えており、これが活動の終見となる。同時に、神宮方頭人もまだ務めていたことがわかる。

それ以降は、史料上からは、姿を消している。病死したか、没落したか、定かでないが、ここで摂津氏は、政治の表舞台から消えている。

晴門の息子には、糸千代丸がいる。義輝と共に、十三歳で討死している。他の子は、今のところ、確認されていない。

ここで、摂津氏の嫡流は絶えたといわれている。

「その後の摂津氏については、杳として知れない。」という。

ただ、摂津氏の文書を伝えた者がいるので、何らかの血縁関係にある者がいたらしい。

鬼切の太刀

天和2年（1682）に、加賀藩主前田綱紀の許に来て、「鬼切の太刀」と家伝文書を見せた人物がいる。摂津氏末裔と称する越後浪人摂津順幸である。

さらに天正後半ごろの大友義統の家臣に摂津刑部大輔がいる。晴門の弟頼雄は、刑部少輔であった。頼雄は永禄後半時点ですでに出家しているので、その息子が、同じ中原氏の出で、交流もあった大友氏を頼って家臣となり、そこで、摂津氏を名乗った可能性があるだろう。他にも、南北朝期に分派した一族とみられる伊予の在地領主にも、摂津氏がいる。

以上のように、戦国期にも幕府中枢で、重要な位置を占め続けた摂津氏の後裔が、杳として行方知れず……。

永禄の変で、嫡流は、途絶えたといわれているので、そのまま信じれば、途絶えたのだろうが、分流が全く存在しなかったともいえないようである。

筑後柳河藩に重臣として仕えた家がある。十時摂津家である。文字どおり、「摂津」を名乗っているが、『柳河藩享保8年藩士系図』柳川市史編集委員会／編によれば、ルーツは不明とある。(不明のままで別にいいのではないか……)となるところであるが、実は、この謎解きにも関わってくるようなのである。この享保年代の調査は、藩主の交代時に各家の申告によるものであったといわれるが、大部分が「よくわからない」とあった。

前記、摂津元造の子に、摂津晴門と、海老名家に養子に入った、頼雄がいる。柳河藩士の十時家の弟の家に、同じく「海老名頼雄」とある。同一人物ならば、十時＝摂津となるのではないか。

嫡家の説明がある。

「年代不詳ながら、大友氏からの恩地をうけつつ、戸次氏の客分となり、嫡家は戸次統常の子である戸次延常（亀松）の代まで、戸次家に仕えた。その後、文禄２（１５９３）年の大友義統の改易や戸次延常（亀松）の早世の後に、立花宗茂に任官。子孫は、柳河藩士として存続した。」

大友義統の改易の前、天正後半ごろには、刑部少輔、海老名頼雄がおり、摂津刑部大輔がいる、ある資料には、海老名頼雄は十時家弟となっているのである。頼雄は、永禄の後半時点で既に出家しており、その息子が、同じ中原氏の出で交流もあった大友氏を頼って家臣となり、そこで、摂津氏を名乗った可能性もある、という説もある。

そのような流れから推測すると、だんだんと、立花家所蔵の有名な「雷切の太刀」の謎の正体との関係が気になってくる。


前述のように、天和2年に、加賀藩主前田綱紀の許に来て、家伝文書と「鬼切りの太刀」を見せた人物がいた。摂津氏末裔と称する越後浪人摂津順幸である。摂津氏のどのような系統にあたる人物か定かではないが、この太刀に注目である。

鬼切太刀は複数あるらしい。北野天満宮の太刀「鬼切」は、源家の宝刀といわれているし、源頼光が酒呑童子の首を斬ったのは「鬼切丸」であった。宝剣継承譚、室町物語、お伽草紙など、後世の文芸作品にも多大な影響を与えているといわれている。鎌倉時代の日蓮は、「名刀はしかるべき鍛冶が作り出せるものであり、その中のひとつが鬼切である。」という。古来、名刀として知られていたようである。

『太平記』巻三十二・直冬与吉野殿合体事付天竺震旦物語事によると、建武4年（1337）越前足羽合戦の時、足利（斯波）高経は朝敵の大将・新田義貞を討ち源平累代の重宝である鬼切・鬼丸二振りの太刀を獲得した。だが、将軍尊氏は、鬼切・鬼丸は当家（足利氏）の重宝として「嫡流」がこれを相伝すべきであると、何度も述べた。しかし高経は、これらの太刀を強く惜しみ、道場に預け置いた。その道場が炎上した時、太刀も燃えてしまったとして、同サイズ太刀二本を用意し、焼き損じたうえで、尊氏に提出した。この試みはすべて露見して京都にまで伝わってしまったので、尊氏おおいに怒り、高経に対しての、敵軍の大将を討ったという抜群の功績に見合うだけの恩賞を行わなかった。（この話の真偽は定かでない。）

ともあれ、鬼切と名のつく刀を越後浪人の摂津と名乗る人物が、百万石の前田公のところに持参し、前田公が自家ではなく立花公のもとに渡したとの推理の当否は、またひとつの物語になりそうである。さらに、この人物が大大名のところに持参するような刀をなぜ持っていたのか……ということも、さらなるナゾをよぶ話である。

雷切りの太刀

立花道雪（戸次鑑連）の「雷切りの太刀」は、現在御花（立花家）所蔵の太刀として有名である。この太刀の謂れについては有名な伝承がある。

「戸次道雪が、故郷の大分・藤北で、炎天下、大木の下で涼んで昼寝をしていたが、急な夕立がきて、雷が落ちかかった。道雪は、枕許に立てかけていた刀（千鳥）で、その雷の中にいた（雷神）を切った」という。

実際に切ったかどうかははっきりしないが、知られるとおり、道雪の勇猛果敢な武威に重ねて、人々が「道雪は、雷神を斬った」などと、噂したという。道雪は、この太刀の元の名「千鳥」という名を改め、「雷切丸」とし、常に傍らに置いたという。道雪の武勇とこの太刀の威力の相乗効果となって、語り継がれたものだろう。道雪の死後、立花宗茂の所有物となって、刀に、『立花飛騨守所持』と刻まれ、金が象嵌される。

（立花家資料館蔵・脇差　雷切丸の紹介）

「元は刀身が長く、太刀であったものを磨りあげて脇差に直してある雷切丸が所蔵されており、実見してみると、切っ先から、小鋼？にかけてそれに峰の部分に変色した痕跡が見られる。もしかしたら、実際、雷に打たれた可能性がある」とする指摘もある。

さらに、資料館の紹介によると、

宝暦９年（１７５９）に「相州物の由」と鑑定されており、相模国の刀工が作った可能性が高い。大磨上、無銘（短くするために作刀者の名があった部分まで切り落とされている）。

相州物（相州伝）とは、大和伝、山城伝など、関西地方では幾人もの名工が輩出している。関東では、相州伝が「名匠」と評される刀工たちが世に送り出される礎となっていく。鎌倉幕府成立により、朝廷のあった京都にも、ひけをとらないほどの中心地として発展した。

頼朝の頃、軍事以外にも、様々な制度を整備することが先決で、刀などは、作刀で一歩先を行った大和国や、山城国に作刀を依頼していた。政権成立で、鎌倉武士の需要により、刀工を集めることが急務となる。北条時頼（五代執権）は全国から刀工を呼び寄せた。鎌倉末期には、「政宗」が登場、（相州伝）が完成している。

「雷切丸」は、【相州物の由】とある。そもそも、摂津氏の遠祖は、（古代の【十市首】は別として、）鎌倉幕府・室町幕府を支えた吏僚、摂津親秀である。前述のように親秀は、直義の引付頭人だった。直義は、相模守でもあった。「鬼切の太刀」という名のある太刀を摂津氏末裔が所持していた、ということは、その太刀は、相州物であった可能性が高いともいえる。

江戸時代初期に、前田公に見せたあと、七十余年後に「相州物」と鑑定されている。ということは、その間に、縁の深い立花公のもとに受け渡されて、「鬼切」が「雷切」に名を変えられて、道雪公の武勇譚に加えて伝えられているのではないか？

ゆえに、「雷切の太刀」の前身は、「鬼切の太刀」ではなかったか……！

日本では、古来「雷」と「鬼」は、同類の表と裏のような関係だろう。前述のいくつかの例を思い出そう。

「風神雷神の彫刻や絵」にも、雷神と鬼は一体となって表現されている。風神雷神は、敦煌莫高窟で阿修羅の周りに描かれたり、三十三間堂では千手観音像の脇に置かれたりしている。中尊があるのが普通だった。

二　名前のルーツ

摂津氏は、杳として消息がつかめなくなり、大友家に仕えたという風聞があった。摂津氏の先祖が中原氏という大友氏と同じ、という縁で、大友家に仕え、その後、世の変遷を経て、同じ大友流の立花宗茂公に仕えるようになったのだろうか。

名前は、摂津氏の古代のルーツ、「十市」氏の「十」をとって、「十時」とされたのかもしれない……（推測である）。

古代史、壬申の乱の折、「大友皇子」の妃は「十市皇女」であった。この場合の大友・十市のコンビが、後世のそれと何か関わっているのか、全然関係ないのか……。

大友皇子は、天智天皇の子、十市皇女は、天武天皇の第一皇女といわれている。そして、天武の諡号の「天渟中原瀛真人」に、「中原」という大友氏・十市氏のルーツとされる文字が入っている。

十市氏の始祖は三代安寧天皇の皇子、磯城津彦命、そして、八代孝元天皇の外戚と記すものもある。十市皇女の父、四十代天武天皇の諡号に、「ヤマトネコ」が入っており、孝元も諡号に、「ヤマトネコ」がある。

出身地は、大分の「十時」という地名（文字）のあるところ（大分県豊後大野市入倉町十時）とある。入倉四郎左衛門の子にあたる惟信（長門守）が十時庄に移され、十時を称したことにより、十時氏成立という説もある。

地名の変更は、現在でも町村の合併などにより行われることもある。人名の改名もしばしば行われた当時のことゆえに、十時の地名は、十時氏（摂津氏）の入植の後からのことかもしれない。一説にルーツとされた入倉氏は、豊後大神氏で、その祖は、大三輪氏とするものもある。はるかな古代に、同じ時空に存在したような氏の名を取ってつけたような感触もある。

摂津氏が、大分の大友領にやってきていたという説、居住地は、杳として行方知れずになっていたことなど、戦国末期から、織豊政権、関ケ原、徳川幕府と世の中が変わっていく過程で、名前も住所も変わる理があったかもしれない。そこで、「杳として行方知れず……」とはいえ、縁故者の間では、周知の事実であったような気配もある。

冒頭の筑後市熊野の坂東寺にある五重の石塔は、鎌倉中期の年号が記されている。中原氏の誰か（為明）に関わる塔である。

摂津氏が、なぜ、九州の大友、あるいは、立花家に仕えるようになったか……？

そのわけは、前記、立花三楽氏の遺稿にもあるように、その真相は、歴史の底に埋もれたまま、明かされることのない事項の一つなのかもしれない。

その解答の一つらしき事情は、なんと、足下にあった『柳河明証図會』に記されていると記された資料の一文からである。

それは、「立花城の立花鑑載・貞載は、足利将軍家の猶子となる。」

立花城は、そういう由来があったのか!?

大友七代氏泰は、尊氏の猶子となる契約を結び源氏へ改姓した。

闇千代

戦国末期、闇千代は、立花城の城督となった、戸次道雪は、年若い女子を城督にしたのはなぜなのか。その時点で、後に高橋浄雲の嫡男、宗茂を養子にする腹づもりがあったのかどうかはわからない。

闇千代の母方は、一説には安武氏ともいわれている。

柳川城の南側に茂庵町という町名がある。安武茂庵が住んでいたところという。

この安武氏は、戦国時代、今の久留米の安武に城があった。どこから来たのかは不明であるが、本姓は「茨」氏であるという。(『九州戦国史』)

戦国期、久留米は、小早川氏の所領だったことがある。中国地方が本拠地である。備後国では、養老3年（719）、茨城、常城が停止されている。茨氏の茨が、そのあたりから来ているのかどうかは知らないが、そうだとすると、備後国の井原の出ではないか、小早川氏に伴って、久留米地方に来たのでは……。そう仮定すると、井原の直冬の子孫と関係があるのかもしれない。

誾千代は、母方を通して、足利氏の血流とつながりがあったかも……。ゆえに父である道雪は、誾千代を城督にし、大友氏はじめ、周辺諸氏も承認したのだというのは、単に推理である。

宗茂の後室の瑞松院は、秀吉と細川有斎が仲立ちで宗茂との縁が結ばれたといわれている。当時、文禄の役などで、各地の大名が集結しているのだから、他の大名家などからの縁組も可能だったと思われるところ、なぜ、足利義昭の孫にあたる、という人を娶わせることになったのか、その政略結婚の意味を探れば、南北朝以来の将軍家との関係が浮上してくるかもしれない。

関ケ原の後、宗茂は、浪人生活を余儀なくされている。返り咲いたのは、秀忠、二代将軍についた後、奥州棚倉一万石を賜っている。

前述、立花三楽さんの説では、宗茂配下の山田勝兵衛の家康への周到な根回しによって、復帰が実現したということではあるが、宗茂主従の浪々の生活は、勝兵衛の思惑どおり、という説もあるとは言え、思いの外、長い年月となっている。すでに秀忠将軍の世になっていたのである。朝鮮の役での宗茂の援軍により、窮地を脱することが出来たという恩顧に報いる加藤清正の援助があったといわれるが、同道した家来たちも、旧主・宗茂を養うため、思わぬ、否、想像どおり苦労をすることになる。

十時摂津も虚無僧の姿で、日銭を稼ぐこともあって、そんな折の武勇伝が宗茂の復帰物語を涙ぐましくも、面白くしている。

十時連貞

陪臣の身であるにも関わらず、その忠勇は諸大名に知られていた。慶長19年（1614）大阪冬の陣では、豊臣氏から高禄をもって誘われたが、宗茂への忠義を選んで拒絶した、という伝説がある。

連貞は、江戸で、殿宗茂一行の滞在費の足しに、日銭を稼いでいたのである。虚無僧に扮して托鉢している時、町はずれで三人の暴漢に襲われた。連貞は、ここで戦っては宗茂に迷惑がかかると考えて逃げたが、暴漢は執拗に追跡してきた。やむなく応戦した連貞は、尺八で難なく暴漢の刀を受け止めたうえ、その刀を奪い取り三人を切り殺した。歴戦のつわものぶりも、のちにこれが問題となったのである。役人に捕らえられ、正直に事の次第を話した。虚無僧の正体が、今は、浪人の身分とはいえ、かつての大名立花宗茂の重臣だったのである。聴取をした役人は、処遇に苦慮する。話はついに幕府老中土井利勝の耳に入ることになるが、結果、無罪放免となった。

このエピソードは、宗茂公は、このような浪人中でも、殿らしく悠然とした振る舞いの数々、という話とともに、柳川城下の人々に語り継がれるほど有名な話であった。

「この直後、宗茂が、書院番・棚倉藩主として、復帰していることから、宗茂を評価していた家康の意があったものと推測される。」

（『柳川歴史資料集成第二集・柳川市誌編纂委員会／編』）

再封以後における十時摂津家の台頭は、さらに注目すべきだろう（『立花宗茂』中野等）。

遠祖

この謎解きに関わってくる歴史上の人物たちの名乗り、つまり本姓を列挙していくと、この地にある地名、命名のナゾが浮上しそうである。

河野氏・山田氏の本姓、「越智」氏。

十時氏あるいは摂津氏の祖は「中原」氏。

そして、大友氏の祖も「中原」氏。

その中原氏の祖は「十市」氏。

大和国の最大の荘園領主である興福寺は、在地の名主らを、荘司に任じて、荘園の管理、経営にあたらせたが、後に、名主らは（衆徒）、（国民）とよばれる大和武士に成長していくことになる。（国民）の代表的なものは、「越智」氏・「十市」氏であった。十市氏は、古代においては、大和六県の一つ、十市県《といちのあがた》つまり、奈良盆地南部を支配した氏族という。

中原氏の成立には、物部氏と何らかの関係があるのではないか、もしくは、後胤なのではないか?という説もある。平安時代の儒学者明経博士の十市有象という人が、天禄2年（971）ごろに、中原と改姓したともいう。

越智氏・十市氏、と名を同じくするような遠い先祖をもつ人々が、この福岡県の旧山門郡あたりにかなりの数、存在する。子孫は、言わずと知れた大名や家老職にあった人々もいる……とすると、近畿の大和、つまり、古代大和の名を置く地名が、なぜこの地に存在しているのか、という時々不思議なナゾの解答が期せずして浮上するような気がする。「山門は、我が産土《うぶすな》……」と、後に、白秋さんの「帰去来」の詩歌にも読み込まれた風土、景勝の地にさらなる祖先のルーツのような地名がある。

簡単に解けそうで解けない、一筋縄では解けない歴史の謎の扉は、意外なところから開かれるようである。

おわりに

風化していく歴史のナゾは、今の世の森羅万象の中に、その答えがかくされている。注目したものの一つが石塔の碑文である。

先人たちからのメッセージであり、各々について多くはすでに存在が確認され、記録に留められている。参考にさせて頂いた文献、様々な資料・史料も多いが、謎解きの結果は、世にある諸論とは多少異なる展開ともなっていて、当初の目的から、少し外れた意外な結論に至った。書いている最中、斉明天皇の牽牛子塚古墳の整備完了のニュースもあり、ひかり拓本というものが、開発されたという報道もあった。新しい光を当てられて、まだ知られざる周辺の碑文等とも関連づけることができれば、また、興味ある歴史が浮上して、ここに展開した話も、塗り替えられることも期待したい。

これまで様々な場面でご支援、ご協力頂きました皆様に、心から御礼と感謝を申しあげます。

２０２３年　９月29日

平野真知子

主な参考・引用文献

「史淵」16号「博多商人宗金とその家系」有光保茂　九州帝国大学法文学部　１９３７年
『看聞日記』貞成親王　続群書類従完成会　１９７４年
『九州の石塔』多田隈豊秋　西日本文化協会　１９７５年
『柳河明證圖會』西原一甫　柳川郷土研究会　１９７８年
『大日本古記録　建内記三』より「嘉吉元年6月24日条」東京大学史料編纂所
岩波書店　１９８７年
『老松堂日本行録』宋希璟著　村井章介校注　岩波書店　１９８７年
『武藤少弐興亡史』渡辺文吉　海鳥社　１９８９年
『海東諸国紀』申叔舟著　田中健夫訳注　岩波書店　１９９１年
『日本大百科全書』小学館　１９９４年
『足利義昭』奥野高広　吉川弘文館　１９９６年
「西日本文化」３１１・３４０「五大山長命寺の中世石造遺物」木下浩良
西日本文化協会　１９９５・１９９８年
『惜別の海』澤田ふじ子　新潮社　１９９８年

『古事記と日本書紀』神野志隆光　講談社　1999年
『九州中世禅宗史の研究』上田純一　文献出版　2000年
『立花宗茂』河村哲夫　西日本新聞社　2000年
『新柳川明証図会』柳川市史編集委員会・別編部会　柳川市　2002年
『中世の系譜』小野正敏・五味文彦・萩原三雄　高志書院　2004年
『中国の歴史〈上〉』愛宕元・冨谷至編　昭和堂　2005年
『日本古代中世人名辞典』平野邦雄・瀬野精一郎　吉川弘文館　2006年
『柳川市史　資料編Ⅲ』より「田尻親種豊後府内参府日記」
柳川市教育委員会　2006年
『足利義持』伊藤喜良　吉川弘文館　2008年
『宴の中世』小野正敏・五味文彦・萩原三雄　高志書院　2008年
『蒲池氏と田尻氏』大城美知信・田渕義樹・柳川市史編集委員会　柳川市　2008年
『新・国史大年表』日置英剛　国書刊行会　2008年
『百済の王統と日本の古代〈半島〉と〈列島〉の相互越境史』兼川晋
不知火書房　2009年
『史料纂集　教言卿記　第四』山科教言著　小森正明校訂　八木書店　2009年
『戦国仏教』湯浅治久　中央公論新社　2009年
『日本の対外関係3　通交・通商圏の拡大』荒野泰典・石井正敏・村井章介編

『日本の対外関係4　倭寇と「日本国王」』荒野泰典・石井正敏・村井章介編　吉川弘文館　2010年
『室町幕府論』早島大祐　講談社　2010年
『戦国期の流通と地域社会』鈴木敦子　同成社　2011年
『考古学と室町・戦国期の流通』橋本久和監修　日本中世土器研究会編　高志書院　2011年
『大国主対物部氏』藤井耕一郎　河出書房新社　2011年
『室町幕府崩壊』森茂暁　角川学芸出版　2011年
『飛鳥その古代史と風土』門脇禎二　吉川弘文館　2012年
『中世の権力と列島』黒嶋敏　高志書院　2012年
『「安・史の乱」と藤原仲麻呂の滅亡』小林惠子　現代思潮新社　2012年
瓦版37号「山田天神の由来」立花三楽　柳川郷土研究会　2012年
『八幡神の正体』林順治　彩流社　2012年
『朝鮮人のみた中世日本』関周一　吉川弘文館　2013年
『NHKさかのぼり日本史　外交篇7　室町』より「〝日本国王〟と勘合貿易」橋本雄　NHK出版　2013年
『継体天皇と朝鮮半島の謎』水谷千秋　文藝春秋　2013年

『黒田官兵衛・長政の野望』渡邊大門　角川学芸出版　2013年
『描かれた倭寇』東京大学史料編纂所編　吉川弘文館　2014年
『装飾古墳の世界をさぐる』大塚初重　祥伝社　2014年
『南朝の真実』亀田俊和　吉川弘文館　2014年
『戦国期足利将軍家の権力構造』木下昌規　岩田書院　2014年
『太平記の世界』佐藤和彦　吉川弘文館　2014年
『中世の対馬　ヒト・モノ・文化の描き出す日朝交流史』佐伯弘次編　勉誠出版　2014年
『駿河今川氏十代』小和田哲男　戎光祥出版　2015年
『アジアのなかの戦国大名』鹿毛敏夫　吉川弘文館　2015年
『高師直』亀田俊和　吉川弘文館　2015年
『城館と中世資料』齋藤慎一　高志書院　2015年
『花蓮と佐どの』平野真知子　文芸社　2015年
『安芸毛利氏』村井良介　岩田書院　2015年
『薬師寺の向こう側』室伏志畔　響文社　2015年
『蘇我氏の古代』吉村武彦　岩波書店　2015年
『室町幕府と地方の社会』榎原雅治　岩波書店　2016年
『六国史』遠藤慶太　中央公論新社　2016年
『足利直義』亀田俊和　ミネルヴァ書房　2016年

『足利義政と東山文化』河合正治　吉川弘文館　2016年
『台与の正体』関裕二　河出書房新社　2016年
『朝鮮王朝実録抄―中世美術資料―』より「世宗実録」　中央公論美術出版　2016年
『日本中世の権力と寺院』高橋慎一朗　吉川弘文館　2016年
『戦国夜話』本郷和人　新潮社　2016年
『足利尊氏』峰岸純夫・江田郁夫　戎光祥出版　2016年
『よみがえる古代山城』向井一雄　吉川弘文館　2016年
『分裂から天下統一へ』村井章介　岩波書店　2016年
『対馬海峡と宗像の古墳文化』安田喜憲・西谷正　雄山閣　2016年
『僧兵盛衰記』渡辺守順　吉川弘文館　2016年
『足利将軍と室町幕府』石原比伊呂　戎光祥出版　2017年
『対馬宗氏の中世史』荒木和憲　吉川弘文館　2017年
『室町幕府の地方支配と地域権力』市川裕士　戎光祥出版　2017年
『日本史の内幕』磯田道史　中央公論新社　2017年
『室町幕府将軍列伝』榎原雅治・清水克行編　戎光祥出版　2017年
『戦国おもてなし時代』金子拓　淡交社　2017年
『観応の擾乱』亀田俊和　中央公論新社　2017年
『戦国大名の危機管理』黒田基樹　KADOKAWA　2017年

『足利義昭と織田信長』久野雅司　戎光祥出版　2017年
『戦国期政治史論集・西国編』戦国史研究会編　岩田書院　2017年
『〈倭と古代アジア〉史考』松本清張　アーツアンドクラフツ　2017年
『享徳の乱』峰岸純夫　講談社　2017年
『古代日本と朝鮮の石碑文化』小倉慈司・三上喜孝編　朝倉書店　2018年
『室町幕府の外様衆と奉公集』木下聡　同成社　2018年
『天皇家と卑弥呼の系図』澤田洋太郎　新泉社　2018年
『寺社が語る秦氏の正体』関裕二　祥伝社　2018年
『古代日本人と朝鮮半島』関裕二　PHP研究所　2018年
『戦国日本と大航海時代』平川新　中央公論新社　2018年
『海賊の日本史』山内譲　講談社　2018年
『日本中世の王朝・幕府と寺社』稲葉伸道　吉川弘文館　2019年
「日引」第15号「石塔類から見た中世対馬の様相」大石一久　石造物研究会　2019年
『戦国大名の海外交易』鹿毛敏夫　勉誠出版　2019年
『古代日中関係史』河上麻由子　中央公論新社　2019年
『朝廷の戦国時代』神田裕理　吉川弘文館　2019年
『神社に隠された大和朝廷統一の秘密』武光誠　河出書房新社　2019年
『日本古代史の正体』林順治　えにし書房　2019年

『物部氏と石上神宮の古代史』平林章仁　和泉書院　2019年
『中華の成立　唐代まで』渡辺信一郎　岩波書店　2019年
『室町幕府分裂と畿内近国の胎動』天野忠幸　吉川弘文館　2020年
『毛利領国の拡大と尼子・大友氏』池享　吉川弘文館　2020年
『僧侶と海商たちの東シナ海』榎本渉　講談社　2020年
『律令国家と隋唐文明』大津透　岩波書店　2020年
『戦国時代の天皇と公家衆たち』神田裕理編集　日本史史料研究会監修　文学通信　2020年
『享徳の乱と戦国時代』久保健一郎　吉川弘文館　2020年
『天下人と二人の将軍』黒嶋敏　平凡社　2020年
『南朝研究の最前線』呉座勇一編　朝日新聞出版　2020年
『大内氏の興亡と西日本社会』長谷川博史　吉川弘文館　2020年
『中近世の地域と村落・寺社』深谷幸治　吉川弘文館　2020年
『戦国末期の足利将軍権力』水野嶺　吉川弘文館　2020年
『本能寺前夜　西国をめぐる攻防』光成準治　KADOKAWA　2020年
『中世の富と権力』湯浅治久　吉川弘文館　2020年
『応仁・文明の乱と明応の政変』大薮海　吉川弘文館　2021年
『古代史講義【氏族篇】』佐藤信　筑摩書房　2021年

『〈武家の王〉足利氏』谷口雄太　吉川弘文館　2021年
瓦版67号「奥有明の海人たち」半田隆夫　柳川郷土研究会　2021年
『謎の九州王権』若井敏明　祥伝社　2021年
『戦乱と政変の室町時代』渡邊大門　柏書房　2021年
『室町文化の座標軸』芳澤元　勉誠出版　2021年
『足利将軍家の政治秩序と寺院』高鳥廉　吉川弘文館　2022年
『空白の日本古代史』水谷千秋監修　宝島社　2022年
『皇極女帝と飛鳥・二つの寺の謎』関裕二　河出書房新社　2022年
『室町殿の時代』久水俊和編　日本史史料研究会監修　山川出版社　2022年
『足利将軍と御三家：吉良・石橋・渋川氏』谷口雄太　吉川弘文館　2022年

系図（1）

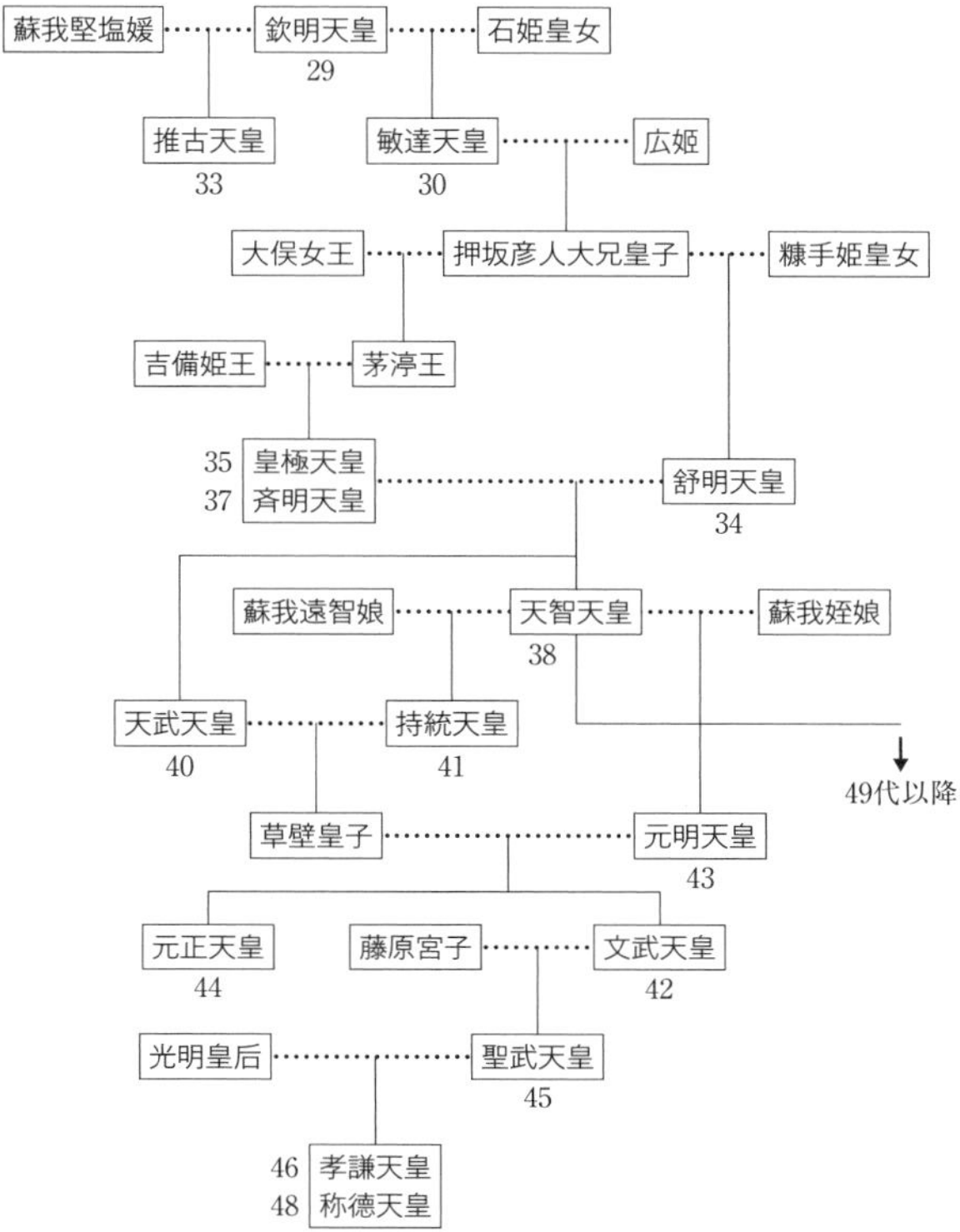
蘇我堅塩媛
欽明天皇
29
石姫皇女
推古天皇
33
敏達天皇
30
広姫
大俣女王
押坂彦人大兄皇子
糠手姫皇女
吉備姫王
茅渟王
35 皇極天皇
37 斉明天皇
舒明天皇
34
蘇我遠智娘
天智天皇
38
蘇我姪娘
天武天皇
40
持統天皇
41
49代以降
草壁皇子
元明天皇
43
元正天皇
44
藤原宮子
文武天皇
42
光明皇后
聖武天皇
45
46 孝謙天皇
48 称徳天皇

系図 (2)

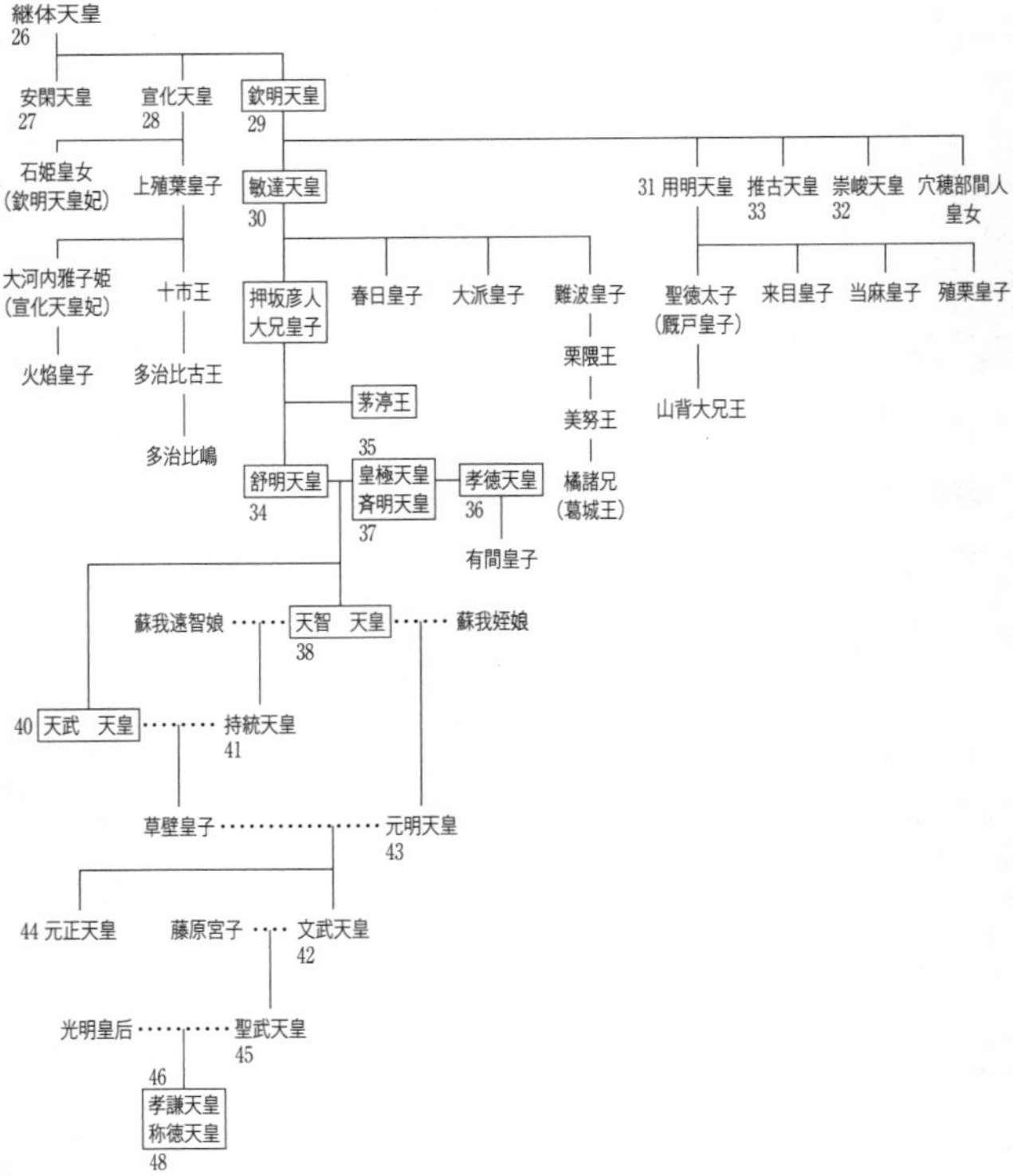
継体天皇 26
安閑天皇 27
宣化天皇 28
欽明天皇 29
石姫皇女 (欽明天皇妃)
上殖葉皇子
敏達天皇 30
31 用明天皇
推古天皇 33
崇峻天皇 32
穴穂部間人皇女
大河内稚子姫 (宣化天皇妃)
十市王
押坂彦人大兄皇子
春日皇子
大派皇子
難波皇子
聖徳太子 (厩戸皇子)
来目皇子
当麻皇子
殖栗皇子
火焔皇子
多治比古王
栗隈王
山背大兄王
茅渟王
美努王
多治比嶋
舒明天皇 34
35 皇極天皇 斉明天皇 37
孝徳天皇 36
橘諸兄 (葛城王)
有間皇子
蘇我遠智娘
天智　天皇 38
蘇我姪娘
40 天武　天皇
持統天皇 41
草壁皇子
元明天皇 43
44 元正天皇
藤原宮子
文武天皇 42
光明皇后
聖武天皇 45
46 孝謙天皇 称徳天皇 48

系図（3）

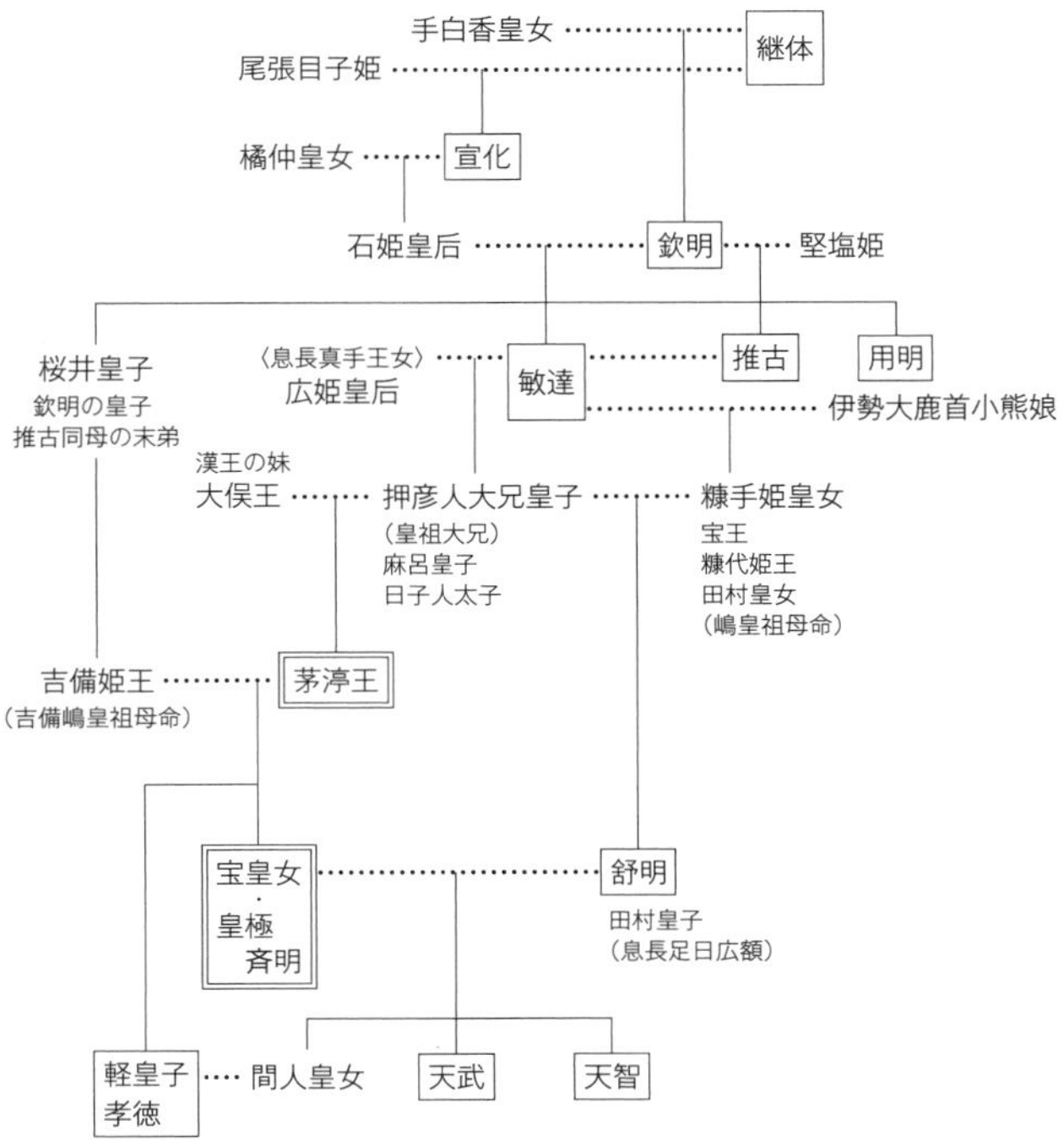
手白香皇女
継体
尾張目子姫
橘仲皇女
宣化
石姫皇后
欽明
堅塩姫
桜井皇子
欽明の皇子
推古同母の末弟
〈息長真手王女〉
広姫皇后
敏達
推古
用明
伊勢大鹿首小熊娘
漢王の妹
大俣王
押彦人大兄皇子
（皇祖大兄）
麻呂皇子
日子人太子
糠手姫皇女
宝王
糠代姫王
田村皇女
（嶋皇祖母命）
吉備姫王
（吉備嶋皇祖母命）
茅渟王
宝皇女
・
皇極
斉明
舒明
田村皇子
（息長足日広額）
軽皇子
孝徳
間人皇女
天武
天智

天皇諡号

1代	神武	じんむ	神日本磐余彦	カムヤマトイワレビコ
2	綏靖	すいぜい	神渟名川耳	カムヌナカワミミ
3	安寧	あんねい	磯城津彦玉手看	シキツヒコタマテミ
4	懿徳	いとく	大日本彦耜友尊	オオヤマトヒコスキトモ
5	孝昭	こうしょう	観松彦香殖稲	ミマツヒコカエシネ
6	孝安	こうあん	日本足彦国押人	ヤマトタラシヒコクニオシヒト
7	孝霊	こうれい	大日本根子彦太瓊	オオヤマトネコヒコフトニ
8	孝元	こうげん	大日本根子彦国牽	オオヤマトネコヒコクニクル
9	開化	かいか	稚日本根子彦大日日	ワカヤマトネコヒコオオヒヒ
10	崇神	すじん	御間城入彦五十瓊殖	ミマキイリヒコイニエ
11	垂仁	すいにん	活目入彦五十狭茅	イクメイリヒコイサチ
12	景行	けいこう	大足彦忍代別	オオタラシヒコオシロワケ
13	成務	せいむ	稚足彦	ワカタラシヒコ
14	仲哀	ちゅうあい	足仲彦	タラシナカツヒコ
15	応神	おうじん	誉田	ホムタ
16	仁徳	にんとく	大鷦鷯	オオサザキ
17	履中	りちゅう	去来穂別	イザホワケ
18	反正	はんせい	瑞歯別	ミズハワケ
19	允恭	いんぎょう	雄朝津間稚子宿禰	オアサズマワクゴノスクネ
20	安康	あんこう	穴穂	アナホ
21	雄略	ゆうりゃく	大泊瀬幼武	オオハツセワカタケ
22	清寧	せいねい	白髪武広国押稚日本根子	シラガノタケヒロクニオシワカヤマトネコ
23	顕宗	けんぞう	弘計	ヲケ
24	仁賢	にんけん	億計	オケ
25	武烈	ぶれつ	小泊瀬稚鷦鷯	オハツセノワカサザキ
26	継体	けいたい	男大迹	オオド

27	安閑	あんかん	広国押武金目	ヒロクニオシタケカナヒ
28	宣化	せんか	武小広国押盾（武・達）	タケヲヒロクニオシタケ
29	欽明	きんめい	天国排開広庭	アメクニオシヒラキヒロニワ
30	敏達	びたつ	渟中倉太珠敷	ヌナクラノフトタマシキ
31	用明	ようめい	橘豊日	タチバナノトヨヒ
32	崇峻	すじゅん	泊瀬部	ハツセベ
33	推古	すいこ	豊御食炊屋姫	トヨミケカシキヤヒメ
34	舒明	じょめい	息長足日広額	オキナガタラシヒヒロヌカ
35	皇極	こうぎょく	天豊財重日足姫	アメトヨタカライカシヒタラシヒメ
36	孝徳	こうとく	天万豊日	アメヨロズトヨヒ
37	斉明	さいめい	――――	――――
38	天智	てんち	天命開別	アメミコトヒラカスワケ
39	弘文	こうぶん	（大友皇子）	
40	天武	てんむ	天渟中原瀛真人 明神御大八州倭根子 天皇	アメノヌナカハラオキノマヒト アキツミカミトオオヤシマシラスヤ マネコノスメラミコト
41	持統	じとう	高天原広野姫 日本根子天之広野姫	タカマノハラヒロノヒメ ヤマトネコアメノヒロノヒメ
42	文武	もんぶ	天之真宗豊祖父天皇 倭根子豊祖父天皇	アメノマムネトヨオホジノスメラミコト ヤマトネコトヨオホジノスメラミコト
43	元明	げんめい	日本根子天津御代豊 国成姫天皇	ヤマトネコアマツミシロトヨクニナリ ヒメノスメラミコト
44	元正	げんしょう	日本根子高瑞浄足姫 天皇	ヤマトネコタカミズキヨタラシヒメ ノスメラミコト
45	聖武	しょうむ	天璽国押開豊桜彦天皇・勝宝感聖武皇帝・沙弥勝満	
46	孝謙	こうけん	高野天皇・倭根子天皇	タカノヒメ　ヤマトネコ
47	淳仁	じゅんにん	（淡路廃帝）	
48	称徳	しょうとく	宝字称徳孝謙皇帝	
49	光仁	こうにん	天宗高紹天皇	アマツムネタカツギノスメラミコト

著者プロフィール

平野 真知子（ひらの まちこ）

本名 平野津代子。
1947年生まれ。
福岡県柳川市出身・在住。
著書：『時代を超えて・ある歴史の謎解きより』文芸社 2005年
『謎解き ファジィ ヤタガラス』文芸社 2012年
『花蓮と佐どの』文芸社 2015年

碑文にみる歴史の謎解き物語

2024年３月15日 初版第１刷発行

著 者 平野 真知子
発行者 瓜谷 綱延
発行所 株式会社文芸社
〒160-0022 東京都新宿区新宿1－10－1
電話 03-5369-3060（代表）
03-5369-2299（販売）

印刷所 株式会社暁印刷

ISBN978-4-286-30079-5